尾張まち物語

中日新聞
一宮総局

人間社

まえがき

普段、何げなく通り過ぎる街角や、すれ違っていく人たちにもそれぞれドラマがあります。二〇二一年五月に中日新聞尾張版で掲載が始まったシリーズ「尾張まち物語」は、地域に隠れたドラマを記者たちが掘り起こした記事です。毎週一回、テーマとする場所ごとに計四～五回取り上げました。この本には、二三年三月まで二年間続いたシリーズから抜粋した記事を収めています。

舞台としたのは、中日新聞一宮総局が担当する尾張西部の十三市町村。名古屋からほど近いベッドタウンの顔もありますが、それぞれ独自の文化や歴史もあります。

一宮市は「ガチャマン景気」と呼ばれた繊維業活況の名残を感じさせ、夏の七夕祭りは多くの人でにぎわいます。中核市になり、文字通り地域の中心都市となっています。稲沢市は勇壮なもみ合いを繰り広げる国府宮のはだか祭で知られ、津島市の尾張津島天王祭、蟹江町の須成祭もユネスコ無形文化遺産の伝統行事です。岩倉市にある五条川の桜並木の美しさは見物客を魅了します。あま市の七宝焼、弥富市の金魚生産など特色ある産業も多いです。

こうした個性豊かなまちを記者たちが歩き、そこに生きる人々の姿を書きました。二四年一月末に閉店した名鉄百貨店一宮店など、すでに形を変えた場所もあります。地域の一つの記録としてお読み頂ければ幸いです。

二〇二四年五月

中日新聞一宮総局

※本文中に登場する人たちの年齢や肩書きなどは、掲載当時のものです。

目次

駄菓子屋すーさん

深世古峻一

1　店主、少年期の思い胸に

古民家の引き戸を開くと、昭和の空気が流れている。八畳ほどの店内には、あめやラムネなど懐かしい駄菓子が並ぶ。子どもたちを迎え入れるのは、キャップにＴシャツ姿の「すーさん」だ。

砂川博道さん（61）が四年前、津島市宝町にオープンした「駄菓子屋すーさん」。飼っているヘビやトカゲも、いまじゃ子どもたちの友達だ。腕や肩に乗せ、はしゃぐ声が響く。生身の人と人との交わりが薄れた世の中で、「子どもたちの居場所をつくってあげたかった」と言う。

すーさんの故郷は、三重県尾鷲市。地元の高校を卒業後、大手企業のプラントエンジニアとして就職した。三十代が終わるころ、順風満帆な道が崩れ落ちた。身内の金銭トラブルなどに巻き込まれ、退職。一千万円以上の借金返済に追われる人生が始まった。

仕事を転々。下水道工事や倉庫での作業、夜のクラブでの調理……。一番きつかったのが、炎天下のコンテナ内で行う荷物の積み降ろし。熱中症でバタバタと倒れ、「終わる頃には、人数が半分以下になっていた」。

過酷な労働も、借金を返すだけで給料はほぼ消える。食費に使えるのは月二千円ほど。時にはファストフード店の生ごみをあさって飢えをしのいだ。「奴隷のような」日々の中、「自分の生きざまを示したい。人の助けになる仕事がしたい」と思い始めた。

自問自答すると、昔の記憶が鮮明によみがえっ

駄菓子屋「すーさん」の外観

た。「この子はちゃんと人の気持ちが分かる子だよ」。子どものころ、常連だった駄菓子店のおばあさんが、すーさんの母親に言ってくれた。

忘れ物が多く、勉強もできなかった小学校低学年のころ。周りの大人は心配する中、唯一、かばってくれたのが駄菓子店のおばあさん。「自分はこれでいいんだ」。幼いすーさんの心が晴れた。店は「自分を守ってくれた場所」だった。

五十代前半で借金を完済。しばらくして、友人から「津島に使っていない古民家がある。商売をしてみては」と紹介された。かつての自分とあのおばあさんの姿を思い浮かべ、駄菓子店を開くのは自然な流れだった。

「ただいま」。ガラガラと引き戸を開け、今日も子どもたちがすーさんの店を訪ねてくる。「家では親の思う通りに、学校ではみんなと一緒に、そう動けるのが『いい子』。じゃあ、個性を思い切り発揮させる場所はどこなんだろう」。子どもたちがただ、ありのままに過ごせる場所でありたい。すーさんはそう願っている。

2　不登校の中学生

「今から行っていい？」

ある日、すーさんのＬＩＮＥ《ライン》に短いメッセージが入った。しばらくして、中学生のサラさん（仮名）が店にやって来た。

「スタバのコーヒー飲みたいなあ」「ここにはないよ」。座敷に腰掛け、すーさんと他愛《たわい》のない会話を続ける。はた目には、仲のいい家族のようにも見える。サラさんは言う。「私にとって、ここは家だからさ」

中学に入ってから、しばらく学校に通えない時期があった、という。「友達に無視されたからね」。自分の指先を見つめながら、さらりと打ち明けた。

すーさんは「学校に行きなさい」とは言わない。穏やかに話に耳を傾ける。「相談されれば何でも答えるけど、自分からはアドバイスもしない。不登校ってある意味、自分を見つめ直せるいい時間だからね」

サラさんが学校から遠ざかった経緯はこうだ。友達に誘われて行ったカフェでは、おしゃべりの輪から外される。ゲームセンターの写真シール作製機では、自分だけ中に入れてもらえない。きっかけは、「同じようなことをされている子をかばったから」だと思っている。先生も、特定の子どもをひいきしているように見え、信じられなくなった。

駄菓子屋すーさんには、小学校の時に、友人に誘われて初めて訪れた。不登校になってからは、毎日のように来ている。

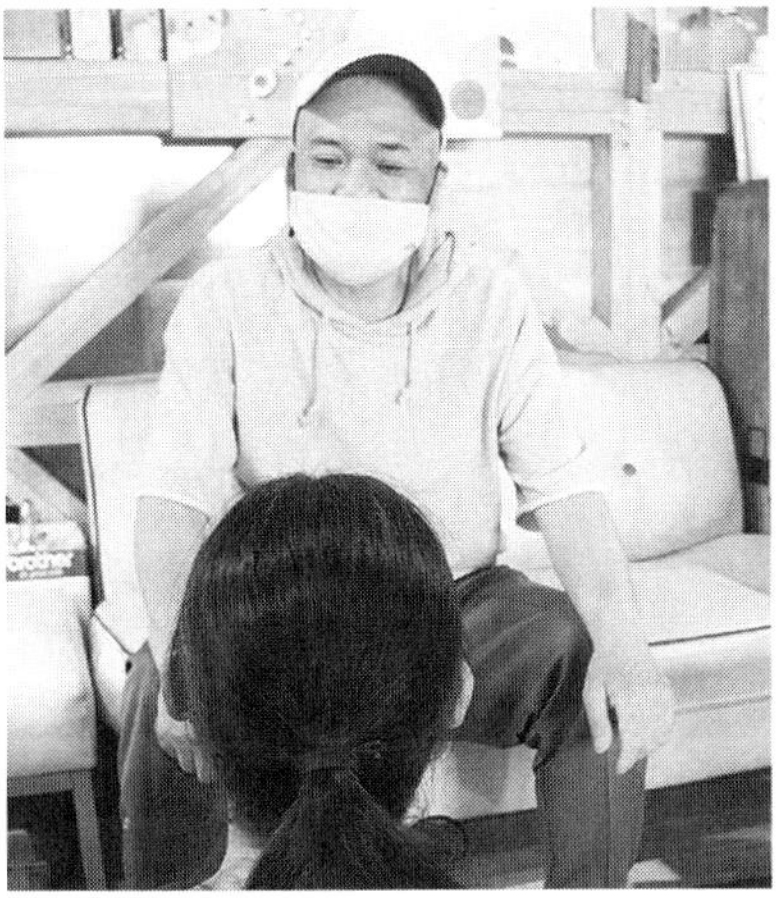

砂川さん（奥）と会話するサラさん

「私、自宅ではびっくりするぐらい暗いよ」

　最近、サラさんは、また学校へ行くようになった。店には、同じような経験のある「先輩たち」も集まる。サラさんの話を聞くと、「悪いことしたわけじゃないから、気にしなくていいよ。行っちゃえ、行っちゃえ」。ストレートな言葉に勇気をもらった。

学校では、できる限り明るく振る舞っている。「それが精いっぱいの反抗。暗いとあいつら図に乗るから」。インターネットで、全国のキャバクラ嬢のメークを見るのが日課だ。メーキャップアーティストになる夢を思い、張り詰めた毎日の中で息をつく。

「中学生にしては変な趣味かもね」。そういうサラさんに、すーさんが優しく語りかける。「キャバクラ嬢だって立派な仕事。変わってていいよ」

3　元非常勤講師の音楽家

子どもたちの笑い声に混じり、聞こえてくる柔らかなメロディーと歌声。音色の源を探ると、駄菓子屋すーさんの裏手にある小さなホールにたどりつく。

ピアノの弾き語りをするのは、市内に住む音楽家の美音《みお》さん（39）。すーさんとは四年半ほど前、自身が関わる音楽イベントを通じて知り合った。

店の前の小道を駆け回ったり、すーさんらに教えられながら木登りをしたりする子どもたちの姿に、美音さんは懐かしそうに目を細める。「みんな伸び伸びしていて、昭和の忘れ物だね、ここは」

昨年三月まで、名古屋市の小学校で音楽の非常勤講師を務めた。新型コロナウイルスの感染拡大で、自主登校になった際、教室に来た児童に分からないことを聞かれても教えることを禁じられた。おしゃべりができない給食中の雰囲気を明るくしようと、音楽をかけるアイデアも却下された。「教育は平等」「うちの学校だけ勝手なことはできない」。そんな理由だった。

「できるようにするにはどうすればいいのか、どうして考えないのだろう」。画一的なやり方への疑問が強まり、退職した。

子どもを自由に遊ばせるこの駄菓子屋は、横並びを重んじる学校とは対照的。人と人とがつながる。普通なことが普通にある。コロナ禍ゆえに、よけいに心に染みる。

美音さんにも子どものころの「たまり場」の記憶がある。用意してくれたのは、住んでいたマンションの管理人のおじさん。子どもたちに開放された管理人室は、集団登校前の待合場所になり、時には賞品付きのクイズ大会の会場になった。「その時はそれが当たり前だと思っていた」。美音さんがそう振り返ると、傍らですーさんがつぶやいた。「そういう気遣いのある大人がいた最後のころだったのかもね」

「音物語」という音楽グループで活動する美音さん。レパートリーの中には、音楽仲間が作詞作曲した「駄菓子屋すーさん」という曲もある。明るいメロディーに、こんな歌詞がのる。

♪ここは笑顔になるだけ　ここは笑顔になるだけの場所♪

4　若者に声掛け活動する高校生

「こんにちは」「今日は何をしてるんですか」

愛西市に住む高校三年生の平《ひら》晴斗さん（17）は、週一回、名古屋駅前の繁華街に立ち、同世代の若者たちに声を掛ける。名古屋市のＮＰＯ法人の非行防止活動に加わってから、間もなく二年になる。

活動の原点は中学二年の冬、初めて訪れた駄菓子屋すーさん。引き戸を開けると、小中学生が一緒になって、店で飼っているトカゲとじゃれ合っていた。「何だろうここは」。見たことのない光景に、目を丸くした。

その少し前、平さんは不登校になっていた。バスケットボール部の顧問が、実力のある選手ばかり大事にしているように感じ、ストレスから慢性的な腹痛を抱えるようになった。学校に行けない日が増え、級友にも病気を理解してもらえなかった。「もうどうでもいいや」。自暴自棄になっていた時期に、駄菓子屋すーさんの扉を開けた。

駄菓子屋裏手のホールで弾き語り

店にいる時だけは心地がよかった。「ルールがなく、縛られないのがいい。友達の家みたいだった」と振り返る。「学校には行かなくていい。生きる力をつければいいから」。何かを強制しない、「すーさん」の言葉も、気楽にしてくれた。

名古屋市の通信制高校に入学後、しばらくして友人に誘われ、声掛け活動に参加することを決めた。街中にも、自分のように居場所がなく、さまよっている子がいるかもしれない。「不登校の経験を生かしたかったんです」

非行防止の相談機関は、当事者の訴えを待つのが一般的。でも、平さんは「『助けて』と声を出すことが、一番勇気がいる。こっちから声を掛けてあげれば、勇気なんていらない」と言う。親の過干渉、虐待など、込み入った事情を打ち明けられれば、友達のような距離感で話を聞く。今の目標は、「教育に大きな影響を与え、苦しんでいる子どもを助けられる人になる」ことだ。

「本当にかわいいなあ」。あの日、自

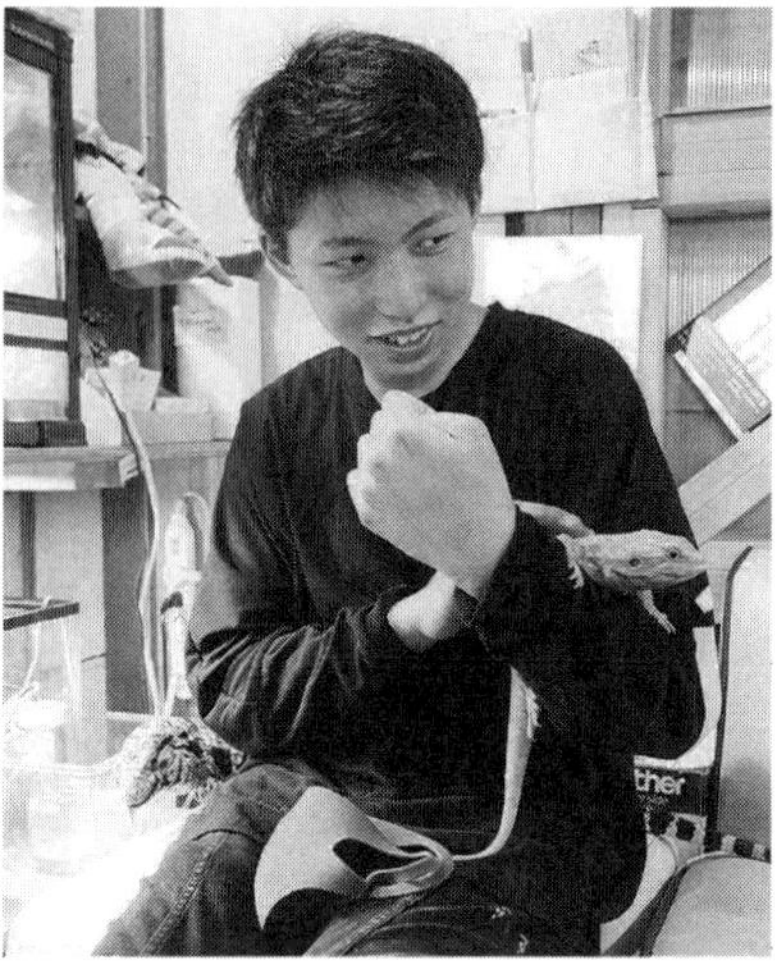

店で飼っているトカゲとじゃれる

分を迎えてくれた店の雰囲気の一部となり、トカゲを腕に乗せて笑う平さん。痛みを知っている分、そのまなざしは優しい。

5　トランペット演奏の少女

子どものころ、一歩を踏み出したことで自分が変われた記憶はないだろうか。津島市の中学生、本吉柚凪《ゆな》さん（14）も駄菓子屋すーさんを通じ、そんな体験をした。

小学六年の秋。児童虐待の防止活動を行っている約三十人の大人が、駄菓子屋すーさんの評判を聞き、見学に来ることになった。「せっかくだから何かしようよ」。常連の同級生七、八人の間でそんな話になり、来客をもてなす発表会を開くことになった。

歌やダンスのグループができる中、本吉さんは一人でトランペットを吹くことになった。学校で金管楽器を演奏したことはあったが、ソロは初めて。「ノリだった。目立ちたかったのかも」と照れ笑いするが、すーさんは「自主的にやりたいって、言ってくれたことがうれしくて」。

思い出のトランペットを手に当時を振り返る

楽器はすーさんがインターネットで提供を呼び掛け、ほぼ新品を譲ってもらえた。演奏するのは、星野源さんのヒット曲「恋」。高い音を出すのに苦戦しつつ、本番までの一カ月間、毎日一、二時間、練習した。

店の裏手にあるホールで迎えた本番。大勢の大人たちを前に、手足はガタガタと震えたが、視線は楽譜からそらさなかった。滑り出しは順調。だが、緊張のあまり途中で「頭が真っ白」になり、音がとんだ。それでもかすれる音色でゆっくり、ゆっくりと、最後まで演奏した。

悔しさだけが残ったが、会場の反応は逆だった。泣いている人もいた。「えっ、どこが」と本人は思ったが、たった一人で、やり遂げたひた向きさが胸を打ったのだろう。「こんなに感動した発表会はない」ともほめられた。

演奏を経て、本吉さんは「人前で発表するのが恥ずかしくなくなった」という。中学校では運動会の選手宣誓や、応援団の取りまとめも率先してやった。母親（34）も、娘のそんな変化を「駄菓子屋に行き始めてからいろんな人と知り合ったりして、興味の幅が広がったように感じる」と話す。

いまでも、本吉さんは、駄菓子屋にしまってあるトランペットを吹きたくなる時がある。あの日披露した「恋」もよく奏でる。つらい時、壁を越えられた自分を思い出しながら。

番外編「1円でもなくなると、生活困るんだ」

駄菓子屋すーさんでは、商品を買う際、常連の子どもたちが計算してくれる。計算できる子どもがいない時は「これを買っていきます」と店主に伝えれば、後はお金を置いておくだけで購入できる。店主は会計の机近くにすらいないことが多い。いっぷう変わったスタイルが生まれたのは、三年ほど前のある出来事がきっかけだった。

「これお願いします」「百円ちょうどです」。小学生の男の子がカゴに駄菓子を入れ、机に持っていくと、店内で遊んでいた小学五年生の女の子が、電卓を使い、慣れた手つきで会計を済ませた。自分で売り上げの帳簿をつける「強者《つわもの》」の小学生もいるという。「ここは子どもたちの自治区ですからね。自分はただいるだけです」。すーさんは穏やかに語った。

「子どもの居場所づくり」を念頭に、駄菓子屋をオープンさせた二〇一七年当初は、すーさんが計算していた。だが、一年ほどたった時、店のお金や売り場のお菓子が減っていることに気付いた。すーさんは店内で飼う爬虫《はちゅう》類の世話や、それを見に来る来客の対応に追われることも多い。「取ろうと思えばいくらでも取れる環境」だった。

お金を持っていないはずのある小学生が、駄菓子を食べている姿を見て、「この子では」と感づいた。とがめるのは簡単だが、店にはもう来てくれなくなるだろう。「(子どもが悪さをする)環境をつくっていた自分が悪い」。そう思い至ったすーさんは、店内にその子を含む、常連の子どもたちを集め語りかけた。

「自分の生活は正直、苦しい。一円でもなくなると生活が大変になるんだ。みんなで僕のこと助けてくれるかな」。お金や商品が盗まれていることは、一切、話さなかった。半泣きだったその子には、「頼むぞ」と頭をぽんぽんとたたいた。

その日を境に、子どもたちが商品を計算したり、店の掃除を自発的に行うようになったという。商品の計算は他の子たちにも広まり、紙粘土で自作のアクセサリーを商品にする子どもも出始めた。前出の、店でトランペットを演奏して以来の常連である本吉さん(14)は「会計をするのが楽しくて、将来は何か商売をしたいなあって思えるようになった」と明るく語った。

「自分が感じる限り、万引やお金がなくなることは起きなくなった。僕が干渉しすぎていた部分があったのかも。子どもって本来、みんな優しいですから」とすーさん。半泣きだったその子は、今も店へ遊びに来るという。

2021年5月16、23、30、6月6、13日掲載

稲沢グランドボウル

牧野良実

1　開業以来の常連

人生で何十万投目になるのだろう。淡々と投げたボールはレーンでいつものような弧を描き、白いピンをはじき飛ばす。多くの人は知らないだろう。稲沢グランドボウル（稲沢市井之口大坪町）の五十七、五十八レーンに陣取るこの男性が、五十年、ひそかに道を究めてきたことを。

今月初め、開場前の午前八時半。「従業員よりも来るのが早いんだわ」。ユニホーム姿で現れた川口治一さん（77）はそう笑った。一宮市の自宅から週三日、自転車で三十分かけて通う。開業当時からの常連に、「ここの生き字引ですよ」と従業員たちも一目置く。

勉強は苦手だった。体を動かすのは好きだったが、スポーツを気軽に楽しむような時代ではない。中学卒業後、一宮駅前の食堂に就職。月一回の休みに、近くのボウリング場に遊びに行くのが気晴らしだった。

根城を定めたのは、二十代半ば。三菱電機稲沢製作所に転職した数年後、二百三十二レーン（当時）を備えた稲沢グランドボウルがオープンした。

時はボウリングブーム。同僚に誘われ、通うようになった。「投げるたびにスコアが上がるのが、うれしくて」。仕事を午後五時に終えると、週二、三日、足を運び、多い日は十五ゲーム投げた。好きが高じて社内でボウリング同好会もつくった。

ボールを投げ、ピンを倒す。単純なようで確認作業は無数にある。複数あるマイボールの選択。レーンのオイルの塗り具合で曲がり幅が変わり、わずかなフォームの狂いで、軌道がずれる。同じ一投は決してなく、飽きることはなかった。

ギネスに認定された稲沢グランドボウル

退職し、時間ができると、通う日は週五日に増えた。体力は落ちてきたが、技術で補う面白みが生まれた。一ゲーム十二投連続でストライクを出すパーフェクトを、十日間で二度達成したのも六十代に入ってからだ。

七十代を前に心筋梗塞になり、がん、心不全と病に襲われた。それでも「ボウリングのない人生なんて」と投げ続けてきたが、昨年春、思いがけずレーンから離された。新型コロナウイルス。緊急事態宣言が出され、ボウリング場が約一カ月、臨時休業した。用もなく近所のスーパーを歩き回り、時間をつぶした。

開業時から通う川口さん

今、あらためて実感する投げられる喜び。今月、約五年ぶりのパーフェクトに迫った。最後の一投で一本残し、生涯二十三度目の瞬間を逃すと、「くそー、うまくいかないねえ。また頑張らないと」。求める理想の一投は、まだ先にある。悔しそうだが、うれしそうでもあった。

2　熟練のメカニック

工場のような空間を、青の作業着の男性が行ったり来たりする。機械の中では、ピンやボールがぐるぐる回る。ちょっとした音の違いや足元の振動が、異常を示すサインだという。「どこの部分がおかしくなりそうか、分かるんです」。長年、体に染み付けた感覚が判断を支える。

一フロアに百十六レーンが並び、ギネス世界記録に認定される稲沢グランドボウル。照明を浴びたレーン脇の扉を開けると、メカニックの田代勝三さん（53）の仕事場がある。

そこでは、レジャーの空気が一変する。ピンを並べ、ボールを戻す高さ二メートルほどの機械が、レーンの数だけ並ぶ。端から端まで約二百メートル。歩いて点検しながら、時折、ライトで照らして機械に体を突っ込む。

旧清洲町（現清須市）で生まれ育ち、子どもの頃から、家族で遊びに来ていた。当時は一番軽いボールでも八ポンド（約三・六キロ）。親に言われ、頑張って片手で投げたが、「ガター（溝）の掃除ばかりしてたっけ」と懐かしむ。

機械を点検する田代さん

裏側の住人となったのは、二十一歳の時。高校卒業後、電気工事や鉄工所の仕事が長続きせず、グランドボウルのメカニックの求人が目に留まった。人と接するのは苦手だが、工作や部品の組み立ては好き。そんな自分に向いているかも、と思えて入社した。

仕事中は、多くの時間を裏側で過ごす。ストライクを取って歓声を上げる家族連れ、スコアを競って盛り上がる団体客の姿もほとんど目にすることはない。

客足を感じるのは、動いている機械の数。入社当時はフル稼働する日が多く、モーターの熱で裏側の温度も上がった。「昔は冷暖房がなくて。冬はありがたかったけど、夏はたまらなかったなあ」と笑う。

ボウリングブームが去り、最近では機械が止まったままの時間も増えた。それでもやってきてくれる人たちのため、整備を万全にする心掛けは変わらない。

当たり前のようにボールが戻ってこなければ、ピンが並ばなければ、もう来ようとは思ってもらえないだろう。「小さい時から家族で来てたら、大人になっても続けてくれるはず」。わが子のように日々、変化を見てきた機械たちが、また一斉に動く日を待ちわびる。

3　師弟関係の男女ボウラー

私語禁止の張り詰めた緊張感の中、ピンのはじけ飛ぶ音だけが響く。二〇一八年五月、東京都内であったボウリングのプロテスト最終日。「今度こそ。何とか合格してくれ」。このボーリング場を拠点とするプロボウラー、岩瀬一真さん（45）は、祈るように年上の教え子を見守っていた。

その四年ほど前。岩瀬さんは出場した大会で、プロを目指す筒井美紀さん（48）＝岐阜県安八町＝に出会った。近くで投げることになり、「もう少し変えたらうまくなる」と感じた。当時、筒井さんを教えていた友人に伝えたところ、岩瀬さんが稲沢で開く教室に来ることになった。

岩瀬さんの指導を受ける筒井さん

筒井さんの競技歴は浅かった。三十代になったころ、勤めていた会社にできたボウリング部に入った。経験は学生時代に数回程度。最初は数合わせで、名前を貸したつもりだった。「ボールが曲がるのは床の板が傾いているから、と思っていたくらい」と笑う。

ところが、時折、練習に顔を出しているうちに夢中になった。ピンが倒れた時の爽快感と、スコアが伸びていく達成感。二年が過ぎると、一人で毎日投げに行くようになった。「どうせやるなら」と、とうとうプロを意識するように。会社を辞め、覚悟を決めた。

岩瀬さんに教えを仰ぐようになったのは、プロテストの壁に阻まれていたころ。自宅から稲沢まで車でほぼ毎日通い、付きっきりで見てもらった。才能を認めてくれた師匠の下、力は伸びた。だが、大舞台になると緊張し、体が動かなくなるのは相変わらず。一次試験落ちの回数だけが増えていった。

「もう辞めようかな」。自信が持てず、何度もそう思った。踏みとどまらせてくれたのは、岩瀬さんの言葉。「自分が筒井さんの一番のファンだから」。三年前、七回目のプロテストで、初めて一次試験を通過した。二次、三次試験も乗り越え、合格を果たした。

プロになった筒井さんは稲沢グランドボウルを拠点とし、現在も岩瀬さんから指導を受ける。楽天家とストイック、技巧派とパワータイプ。性格も投球スタイルも真逆の師弟は、時にぶつかることもある。

それでも、目指す針路は同じだ。プロでは結果が出せていない筒井さんだが、「いつかは活躍して、恩返ししたい」と誓う。岩瀬さんも「焦らず平常心で臨めば、上位に食い込む実力はある」と信じる。二人三脚の挑戦のゴールは、まだ先にある。

4　新支配人の葛藤

照明が落ち、並んだままのピンが寂しげに見えた。七月、平日昼すぎの稲沢グランドボウル。数組しかいない一般客向けのレーンを見て、スーツ姿の男性がつぶやいた。「広いから余計に空きが目立ちますね」。最近、フロアの天井から掛かる電光掲示板に待ち時間が点灯することはまれだ。

大勝誠さん（36）は支配人として四月に就任したばかり。「自分なんかでいいのか」。関東の系列店で支配人経験はあったが、一フロアに百十六レーンが並ぶ世界一の施設を自分が仕切る姿を想像できずにいた。

幼少期から極度の人見知り。コミュニケーション能力を養おうと、大学二年の時、三重県名張市の自宅近くのボウリング場でアルバイトを始めた。最初、大会の司会進行で人前に立つと、「マイクを握る手と声がぶるぶる震えた」。

しかし、集客キャンペーンを練り、レーンがにぎわう喜びが殻を破らせた。「文化祭みたい」な毎日。非日常の空間で、お客さんの笑顔があふれる。そんなレジャー施設が好きになり、卒業後もこの業界で働こうと決めた。

生まれる十五年ほど前のボウリングブームは知らない。レジャーが多様化し、各地のボウリング場も老朽化。年々、取り巻く環境は厳しくなっていた。それでも、お客さんを楽しませようとできる限りの策を打ってきた自負はあった。

昨年、レジャー施設に打撃を与えた「不要不急」の言葉。新型コロナウイルスの感染拡大で、稲沢グランドボウルも書き入れ時のゴールデンウイークを挟んで、四~五月に一カ月間休業。今年に入っても団体予約が減ったまま。それでも、感染が収束していない中「集客しようとすれば、批判されるかもしれない」。大勝さんにとって初めての葛藤だった。

苦境を受け、なおさら世界一の施設を守る責任感は強まる。今年四月の赴任直後、大会で全てのレーンが埋まった光景に感じ入った。「圧巻だった。千人規模の大会はここでしかできない。競技ボウラーが目指すべき聖地にしたい」

コロナ禍の前は、健康づくりを兼ね、ブーム時にボウリング場に通った世代が戻ってきている手応えがあった。思い描くのは、大勢の客の前でマイクを握り、呼び出しのアナウンスをする自分の姿。新支配人の奮闘は続く。

2021年6月20、27日、7月3、10日掲載

ギネス世界記録の認定書に見入る大勝さん

一宮・本町商店街

猿渡健留

1　呉服店の4代目

アーケードを吹き抜ける七月の熱風が、七夕飾りを揺らす。一宮市の中心部、本町商店街。一年で最もにぎわう七夕まつりの時期を迎えたが、新型コロナウイルスの影響で催しはなく、人通りは少ない。

赤、青、緑……。吹き流しの派手な色だけが際立つ通りに立つのは、佐分《さぶり》完一さん(78)。南側からアーケードに入ってすぐ右手、呉服店「しぶかみや」の店主だ。「寂しいよね。早く元通りのまつりになってほしい」。そうつぶやきながら、この夏の光景も、記憶の一ページにつづっていく。

生き字引、と言っていいだろう。明治時代から百四十年続く老舗の四代目。戦中に生まれ、空襲から復興する街《まち》とともに育った。

大学卒業後、県外で三年間修業を積んだ後、店に戻った。先代の父から教えられたのは、戦争で焼けても立て直した店の「のれんを守り抜くこと」、そして、「ごまかしのない商売をすること」だった。

時は高度成長期まっただ中で、「休む間もないほどよく売れた」。子どもの授業参観に着ていく着物を求めて、母親たちがやってきた。二十四時間セールのイベントを仕掛け、徹夜で売り続けたこともあった。

本町商店街に、当時、日本最長とうたわれた約五百メートルのアーケードが完成したのは、一九七一（昭和四十六）年のこと。しかし、商いは転換点に差し掛かっていく。大量生産のカジュ

七夕飾りの揺れる本町商店街

アルな服が定着し、着物は時代にそぐわなくなってきた。

京都などから上質な反物を仕入れ、扱う品に誇りはあったが、経営は苦しい。「本当は着物が売りたい」と思い悩みつつ、洋服や宝石の販売に手を出したこともあった。

救いとなったのは、浴衣の流行。二十年ほど前から、若い女性を中心に注文が増えた。着付けや着崩れを直すサービスも始めると、地元の中高生が訪れ、店に活気が戻った。たとえ量販店で買った既製品を着ていても、「将来、うちのお客さんになってくれれば」と、丁寧に着付けした。

必死で店を守る中、気づけば、周りはシャッターを閉めた店が増えていた。七夕まつりの時期になると、昔を思い出す。町や店ごとに飾りを作り、美しさを競い合った。

商店街で思い出を語る佐分さん

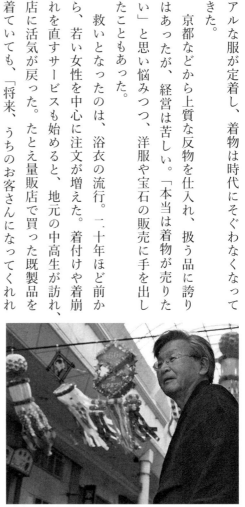

佐分さんも、商店街の青年部メンバーたちと凝った飾り付けをした。店先に歌舞伎風の豪華な看板を設置したこともある。

近年、飾り付けはほとんど業者任せに。そして、コロナ。夏の盛り上がりは一層薄れた。

街も人びとの装いも、移り変わってきた。それでも、佐分さんに哀愁はない。親子三代、四代と通う常連がいて、母の着物を、娘用に仕立て直す依頼もある。「着物が親子をつなぎ、お客さんと店もつないでくれる。こんな面白い商売なかなかないよ」。だから、いつものように、いつもの場所で。きょうも店を開ける。

2　児童見守る戦争体験者

炎天下、夏休みを目前に控えたランドセルの列が行く。本町商店街近くにある大志小学校の児童たち。七夕まつりでは太鼓やトランペットを持ってパレードに参加するなど、商店街とも縁が深い。

黄色い旗を手に、家路に就く子どもたちの脇に立つのは、同校卒業生の平光政見さん（85）＝同市栄四。十五年以上、通学路で小さな後輩たちの登下校を見守ってきた。高校を卒業以来、銀行員の仕事一筋だった。多忙で地域の行事にも参加できなかったことから、定年退職後、「何か地元に恩返しをしよう」と考え、見守り活動を始めた。

横断歩道や歩道橋のそばで、車の動きを見て、子どもたちに注意を促す。小学生だけでなく、自転車通学の高校生たちにも気に掛ける。その熱心さは「家族からあきれられるくらい」。成長した子どもたちから声を掛けられることもある。「大学生になっても、私を覚えていてくれる子もいてうれしい」と笑う。

背中を見送る子どもたちと同じ年齢のころ、平光さんは違う景色を見ていた。戦争が長引くと、食料不足になり、学校の運動場にサツマイモが植えられた。講堂には、近所から出征した戦没者の遺影が掲げられた。「最初は五枚ほどだった写真が、だんだんと数え切れなくなっていった。子どもながらに人は死ぬんだと感じた」

一九四五（昭和二十）年七月二十八日、一宮の空を米軍機が襲った。焼夷《しょうい》弾を落とされ、街は北から南へ順に燃えていった。「真っ赤な火がすごい勢いで迫り、地獄のような光景だった」。平光さんは自宅が焼け落ちる様子を、家の裏の空き地で見た。

空襲の後も、米軍の艦載機による機銃掃射があった。連続する音の合間に見上げると、低空飛行する機体は、パイロットの顔まで見えるほど近かった。

戦後の復興期、繊維業の活況でにぎわいを取り戻した本町商店街。しかし、産業の衰退、少子化の進行で、街中の子どもたちの数は減り、現在の大志小の児童数は約二百六十人とピーク時の六分の一以下だ。

子どもたち一人ひとりが、街の宝であることを改めて実感する時代だ。「今の子どもは恵まれている。ただ、お金で何でも手に入るように思えても、命だけはどうに

大志小学校の正門前で児童を見守る

もならない」と平光さんは言う。

子どもたちが無事に学校に行き、家に帰る。平光さんは、当たり前に見える日常がいかに尊いかを知っている。だからこそ、大人たちが守ってあげなくてはと思う。

3　ボックスショップ「オレンジ」

四段×十二列。細かく区切られた棚に手作りのバッグやマスク、アクセサリーがひしめき合う。誰もが個人で出品できる、本町商店街にある「ボックスショップ　オレンジ」だ。

本町通三丁目商店街振興組合が約十五年前、空き店舗を活用し、オープンした「ほんまちサンプラザ」。ボックスショップもその中で、人の流れを呼ぶ一環として始まった。売上金の管理などは当番制で、出品者が交代で務める。

訪れると、女性たちが談笑する声が、建物の外まで響いていた。会話の中心にいたのは、開店当初から出品する脇田美代さん（75）＝同市千秋町。社交的な人柄で、出品者同士の調整役も務める。

ショップができたのは、夫が定年退職し、脇田さんが何か新しいことを始めようと考えていたころだった。出品者を募る新聞記事を見て、何げなく応募した。棚に並べるのは、つばき油やトビウオのだしなど、故郷の長崎・五島列島から取り寄せた特産品。「やってみたら面白くて。気付いたら十五年もたっていた」と笑う。

出品する棚の前に立つ脇田さん

結婚を機に、一宮市にやって来たのは、二十五歳のとき。当時は繊維業の活況の名残があり、本町商店街もにぎわっていた。脇田さんも、週末になると子どもたちを連れて歩いた。洋食屋でトンカツを食べ、ケーキ屋に立ち寄った。離島暮らしと比べれば、刺激的な街だった。

時は流れ、商店街の人通りも少なくなった。だが、ボックスショップの周りにはいつも誰かが集まる。一人暮らしの高齢者や、近所の子どもたちの居場所にもなった。出品者も客も関係なく、近くにあるテーブルにつき、たわいのない会話を交わす。

脇田さんは、この場所が新たな故郷のように感じている。島では近所の人たちもみなきょうだいのような関係。食べ物に困ったら当然のように分け合った。だから、お客さんに、ついサービスしてしまうことがある。「お金もうけより人間同士のつながりが大切。それが私の生きがいだから」

新型コロナウイルス禍でも、ボックスショップは変わらず営業する。脇田さんは、他の出品者が来られなくなった時期、一人で店番を務めた。この秋には同じ建物内に演劇スタジオができる予定で、訪れる人たちが増えそう。「若者もたくさん来てくれたらうれしい。ここはみんなが集まる広場だからね」。新たな出会いを心待ちにしている。

4　服の傷を直すかけつぎ店

目を凝らしても、穴が開いていたとは分からない仕上がり。「わあ、きれい」。女性客が笑みを浮かべた。同じ服の目立たない部分から糸や生地を取り、傷をふさぐ「かけつぎ」。一宮市の真清田《ますみだ》神社向かいにある「紬《つむぎ》かけつぎ店」は、市内でも珍しい専門店だ。

伝統の技術だが、手掛ける人は新しい。長谷川雄一さん（41）が二〇一九年四月、店を構えた。近所の常連だけでなく、全国からの注文も受け、スーツやジャケットの虫食い穴や引っかけ傷などを修復する。

数十年前は本町商店街にもかけつぎの店が数軒あったが、高齢化や繊維産業の衰退で廃業していった。世間から忘れられつつあった技術は、長谷川さん自身も「自分が始めるまで知らなかった」という。

津島市出身。子どものころから手先が器用で、ものづくりに憧れた。高校卒業後は機械の組立工場で働いたが、二十八歳の時に不況のあおりを受け、勤め先が倒産した。

職探しについて、高校時代の友人に相談すると、自分がやっているかけつぎの仕事を教えてくれた。既に職人として独立していた友人の技は「衝撃だった」。一目ぼれして、すぐに転職を決心し、友人に紹介してもらった名古屋市の老舗で修業を始めた。

服の傷は、三ミリ程度のものもある。織り込み式と呼ばれる技法では、傷のある場所に縦糸、緯《よこ》糸を通し、跡のないように修復する。服には、お客さんの思い出が詰まっている。傷つけてしまわないか、緊張の連続だった。三年ほどで一通りの技術を習得。その後も、ひたすら針を動かし、感覚を磨いた。

二年半前、自分の力を試そうと独立を決意。同じ店で修業していた岡野晃兵さん（31）とともに繊維の街である一宮に出店した。岡野さんが営業や事務を担い、長谷川さんは職人として作業に当たる。

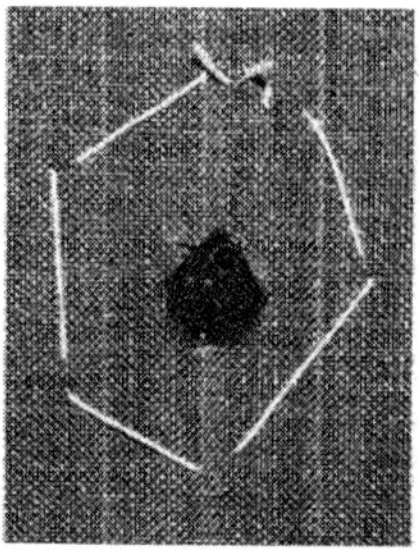

たばこの火でスーツに空いた穴

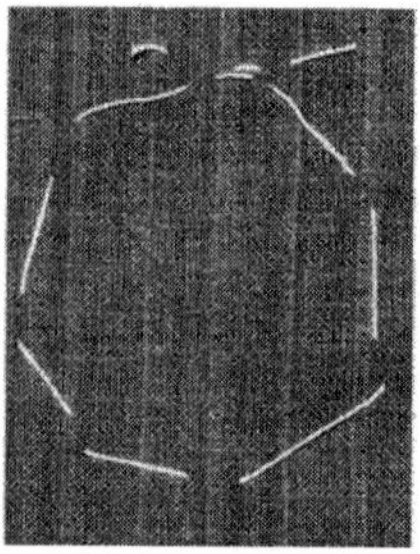

かけつぎの技術で修復後

自分の店を持ったことで、お客さんとやりとりする機会も増えた。娘からもらったジャケットを直してほしいという父親や、自分の服を娘に着させたい母親からの依頼が舞い込む。できあがりに喜ぶ客の笑顔がやりがいになった。

かけつぎに取り組む長谷川さん

技術の発信にも力を入れる。七夕まつりの時期に店先で実演したり、会員制交流サイト（SNS）で発信したりする。長谷川さんは「かけつぎ店の存在をもっと知ってもらって、お客さんを増やしたい。他の店の人たちと協力して、商店街を盛り上げられたら」。古くからの技術で、街に新風を吹かせようとしている。

2021年7月25日、8月1、8、22日掲載

名鉄百貨店一宮店

下條大樹

1 チラシ担当40年

このリストを見る時は、一人の客となる。心引かれるかどうか、バイヤーが推薦した品名が並ぶA４紙に◎、○、△と評価を書き込み、メモも添える。名鉄百貨店一宮店の事務室。チラシを担当する伊達靖久さん（60）は掲載品を絞り込むと、白い紙に鉛筆を走らせ、レイアウトを描き始めた。

現在は営業推進担当課長。肩書は変わってきたが、この仕事に関わって四十年になる。チラシを読むか読まないかを決める時間は、〇・三秒ともされる。勝負は一瞬。おいしそう、ではなく、「わあ、おいしそう」と思ってもらうこと。店に来てもらえ

営業20年を迎えた名鉄百貨店一宮店

ても、がっかりさせたら次はない。自ら実物を見たり、食べたりして、間違いない商品を選ぶことは言うまでもない。

目指すのは伝統と流行を取り入れたチラシだが、方程式はない。最近、地元企業の約九千円するほうきの写真二枚をチラシの中心に据えると、一日で十三本も売れた。こうした成功例もあれば、空振りも数知れず。「毎回、反省ばかりです」と苦笑する。

一昨年からは店長と相談して、ダジャレをちりばめる。北海道物産展では「春ばる来たぜ、北の味」。お中元ギフト解体セールでは「買いたいセール」。暗い世相の中、くすりと笑ってもらえればと願う。

客の喜ぶ顔を思い浮かべ、チラシを考える

名古屋市西区出身。幼いころから絵が得意だった。愛知工業高校でデザインを学び、一九八〇年、前身の名鉄丸栄百貨店に就職した。縁もゆかりもなかった一宮。繊維業に最盛期の勢いはなく、最初はあまりいい印象はなかった。

それでも新人の自分にも一宮の客は温かく、次第に人やまちが好きになった。「昔は栄えていたのに」「元気がない」。今度は逆に、そんな言葉が気になり始めた。「どうにかして一宮を元気にしたい。そうしたら店にも活気が出る」。二十七歳のときに社内の花見で知り合った妻と結婚。市内に居を構え、骨を埋めようと決めた。

いまや仕事は広報宣伝にとどまらない。一宮店の顔として、客や同僚からの信頼は厚い。積極的に総合案内に入り、若いスタッフを助ける。地下の食品売り場で買った品を調理して弁当にし、写真共有アプリのインスタグラムで紹介するのが日課。PRとともに、テナント店員や従業員には「あれ、おいしかったよ」「(商品を)こう見せた方がいいんじゃない」と感想を伝える。

前身の店の開業から五十年余り、現在の場所に移って二十年。景気低迷に大型量販店の進出、そしてコロナ禍と、逆風が吹くが、まだ役割はあると信じる。売り場はお客さまの舞台、が持論。一人ひとりにスポットライトを当てるのが、裏方の自分たちの仕事だ。

精魂込めたチラシは「お客さまへの招待状」。幕を上げ、主役の登場を待っている。

2 弱視のお客さま

「おかえりなさい。次はどちらへ」。エスカレーターから降りてきた女性を見つけると、一階受付の女性スタッフがすぐに駆け寄った。「ただいま」。ほっとした表情を見せた女性の手には白杖《はくじょう》。スタッフの肩を持ち、エコバッグを預けた。

一宮市起《おこし》の小川弘子さん（65）は週四日ほど、この百貨店を訪れる。三十一歳のときに視力が低下する病気「黄斑変性症」と診断された。十年前から白杖を持ち、最近では大ざっぱな色、強い光しか認識できなくなってきた。

父に続き、母が十五年ほど前に他界した。独身できょうだいもいない。「本当に孤独よ」。近くの銭湯に入るついでに、百貨店に定期的に通うようになったのも、そのころからだ。

目が見えにくくなったことを受け入れたくはないし、なるべく人に迷惑も掛けたくない。自分でできることは自分で。そう思い、一人で生きてきた。

ただ、一昨年ぐらいから、いつも歩くコースから少しでも外れると位置が分からなくなり、不安になるようになった。だから思い切って、百貨店の受付スタッフに頼んだ。「バスターミナルまで、連れて行ってくれませんか」

スタッフはそれから、バス乗り場まで送るだけでなく、買い物を手伝うようになった。五階の美容室ラモードイワイで髪を洗って、地下で食料品を買い、最後は一階で好物のデザートを買う。ほぼ決まったコース。テナント店員や百貨店スタッフらが代わる代わる肩を貸し、荷物を持つ。小川さんは「バトンタッチのよう」と笑う。

帰宅前には受付スタッフがバスの時間を確認。到着するまで一緒に待ち、車内で空いている席を見つけ、座ったのを確認してから、別れる。

小川さんは最近、他の施設で足元がおぼつかなかった時、近くにいた人にいらだつ態度を取られたことがある。「ごめんなさいねー」と応じたが、内心は傷ついた。「周りの人に迷惑掛けてしまっているな、といつも落ち込んでしまう」

その点、百貨店の対応には助けられている。「私にとって、なくてはならない存在。皆に助けてもらって、今がある」

限られたスタッフ数の中、一人の客に人手を掛けて大丈夫なのだろうか。長年受付けを担当する黒田桂子さん（58）は当然のように言う。「せっかく来ていただいたお客さまに買い物を楽しんでほしい、また来たいと思ってほしいだけ。持ち場を離れても、誰かが応援に入ってくれますから」

いつものように買い物を終えた帰り道。小川さんがスタッフに連れられ、バスの席に座った。「またお願いします」。大好きなメロンゼリーを手に、ほほ笑んだ。

受付スタッフに連れられ、店内を歩く

3　この道20年の青果店店長

「今の時季はあかんよ」。ナシの出来栄えを尋ねる女性客にきっぱりと言った。地下にある青果店「九州屋」の伊藤将道店長（44）。女性はかごに入っていたナシを棚に戻し、「じゃあまた今度」と店を後にした。

勧めなかったのは、女性が硬めのナシが好きだと聞いていたから。デパートの一角だが、目指すのは昔ながらの「八百屋」のような売り場。質問に答えたり、迷っている人に話し掛けたり。売り上げにならなくても、品物のよしあしは正直に言う。「まずいと思われたら、二度と買ってもらえないから」

生まれは、岐阜県多治見市。就職説明会で聞いた採用担当の話が面白く、青果販売の道へ。デパ地下での勤務は二十年前の店のオープン時からだ。「こっちのイチジクの方がはじけてて、熟してますよ」「このバナナは明後日くらいが食べ頃」「この品種は皮と実が離れやすいですよ……」。誇張のない的確なアドバイスが、常連を生んでいる。

足を使った情報収集も欠かさない。週三回ほど、出勤前の早朝、名古屋や一宮の市場に立ち寄る。顔なじみの仲卸と話しながら、値の動きや珍しいものがないかを見定める。仕入れは電話でもできるが、「やっぱり実物を見たいから」。

客にブドウの品種を説明する伊藤店長（右）

客と話すときとは一転、品物を見る目は厳しい。自分が買いたくないものは店頭に出さない。妥協しないのは、客の信頼や期待にこたえるため。「孫に贈ったら喜んでくれた」などと感謝されることも多いが、「名鉄さんで買ったのに、おいしくない」といった指摘もある。

十年ほど前、店のあり方を考えさせられた。百貨店近くにスーパーができた。安さを求めて客が流れ、一年ほど売り上げが落ちた。「うちのパートもそっちで買っていたくらい」と苦笑する。

危機感を覚えた伊藤店長は市場に行く回数を増

やし、仲卸に言った。「一番いいものをください」。原点回帰。安さではかなわない。やっぱり質のよさや品ぞろえで勝負する。上乗せするのは、プロの知識や情報、アドバイス。スーパーと差別化を図ると、次第に客は戻ってきた。

果物はかつて贈答用が多かったが、最近では、健康志向の高まりで千円以上のものが個人向けに売れる。ニーズは時代によって変わってきたが、「お客さんにおいしいと思ってもらいたいし、健康にもなってほしい」。品物を店頭に並べるときの思いは変わらない。

「試食でたくさん食べてるから」と、職場の外で果物を楽しむことはあまりないという。それでも、手元のスマートフォンの待ち受け画面には赤いリンゴ。「特に深い意味はないですよ」と笑った。

4　バイヤーの模索

アパレルはデパートの花形。誰でも知っている有名ブランドの商品をいかに仕入れ、店に並べられるか。バイヤーの松永智明さん（53）は長年、自分の仕事をそう考えてきた。だけど最近、やり方が少し変わってきた。

「いい色合いですねえ」。今月十日、店の事務所での商談。松永さんは、イチョウの草木で染めた薄黄色のウールマフラーを手にしていた。地元の名物を生かした稲沢市の織物業者の商品。一点一点、丁寧に作っている思いも伝わってきた。話がまとまり、催事への出店が決まった。

旧尾西市生まれ、稲沢市育ち。名鉄百貨店本店でのアルバイトを経て就職した。本店で子供服の販売員などを経験し、ここ二十年は一宮店で主に婦人服、服飾雑貨のバイヤーを務める。

ファストファッションの流行や景気低迷で、衣料品販売は苦しくなった。地方の店には売れ筋の商品が回ってこず、負のサイクルに陥った。全国で相次ぐ百貨店閉店のニュース。赤字が続く一宮店も人ごとではない。コロナ禍が重なり、昨年はアパレルを中心に十七ブランドが店を去った。

電車で十分の名古屋で手に入るものを売っているだけでは、先はない。松永さんがその思いを確かにしたのは二年前。増税対策の一環で、一宮店が強みの食品に、さらに力を入れることになった。交渉の腕を見込まれ、アパレルだけでなく、秋の食品催事の担当を任された。

地元セレクトショップの商品をチェックする

仕事の中身は大きく異なり、最初は戸惑った。それでも百軒以上、地元のパン店、ケーキ店にアポなしで飛び込み、出店交渉。従業員にアンケートし、お気に入りの店を聞いた。そこまでしなくても、という周りの冷めた目も構わなかった。当時の松永さんの様子を、藤本雅也店長は「目の色を変えて取り組んでいた」と振り返る。

頑張れたのは、何とか自分たちの職場を守りたいと思ったから。「いつまでも本店におんぶに抱っこじゃいけない」。結果、催事は盛況となり、客と出店者、どちらにも喜ばれた。

改めて気づいたことがあった。知られていないすごい地元企業がいくつもあって、優れた商品を作っている。それを店で紹介すれば、お客さまに手に取ってもらえる。いい品を作ろうと努力する人たちと話し、自然と励まされた。どちらかといえば人見知りの性分だが、部下にも「明るくなりましたね」と言われるようになった。
まちと人と店と。「地元の皆さんと、元気と笑顔になっていければ」と松永さんは言う。模索は続くが、生き残りへの鍵はそこにしかないと感じている。

メモ＝名鉄百貨店一宮店は二〇二四年一月三十一日に営業を終了し、旧店から数えて半世紀以上の歴史に幕を下ろした。名鉄は今後、ビルを改装して二五年度中に複合施設をオープンする予定。

2021年8月29日、9月5、12、19日掲載

愛知黎明高校

伊勢村優樹

1　名将が帰ってきた野球部

4点差を追う九回表。愛知黎明《れいめい》高校（弥富市）の最後の打者が放った飛球が、二塁手のグラブに収まった。七月の高校野球県大会四回戦。うつむき、整列するナインにゲームセットが告げられた。二十年ぶりの甲子園出場を目指した夏は終わった。

二〇〇一年夏、金魚のシールを貼ったオレンジの帽子とメガホンが、アルプススタンドで揺れた。旧校名の弥富が甲子園に初出場。県大会では何度も逆転劇を見せ、強豪校の壁を破った。まちは沸き、地元からも大勢が応

弥富市で唯一の私立高校・愛知黎明

援に行った。

感動をもう一度――。二年前、OBたちが中心となり、「あの人」に白羽の矢を立てた。一九九六年まで二十年、弥富を指揮した金城孝夫監督（67）。その後、故郷の

県大会で監督の指示を聞く愛知黎明ナイン

沖縄尚学を率いて、九九年の春の甲子園を制するなど名声を高めた。「戻ってきてほしい」と声が掛かったのは、長崎日大の監督を退くタイミング。「もう一度勝負したい」という本人の意向ともかみ合った。

　通算六度、甲子園の土を踏んだ金城監督だが、初任地の弥富では果たせなかった。残るのは苦い思い出。昼夜問わず練習しても、勝利にはつながらなかった。

　やがて、野球ばかりさせていると「生徒が練習で手抜きし、うそをつくようになった」ことに気

付いた。弥富を離れたのを機に、「人間力」を育てる指導へと変えた。五分前の行動を徹底。朝練の時間を削って掃除や読書にあてるなど生活面に力を入れると、野球の結果もついてきた。

帰ってきた弥富の地。勝利への期待は伝わるが、方針にぶれはない。ベスト4に進出した昨夏の県大会のメンバーだった好打者の坂井裕樹選手（三年）は、今夏のベンチ入りから外れた。

自信過剰になり、練習を手抜きしがちだった様子を、監督は見ていた。「高校野球で終わりではない。この状況で選んでも、人生にプラスにならない」

坂井選手は監督の意図を知り、練習の補助や試合での応援など裏方としてチームを支えた。「外されたのは悔しかったけど、金城先生は嫌われ役として、自分を犠牲にしてまで指導してくれた」と感謝した。

今夏、八十人以上の大所帯はよくまとまっていた。三回戦では、急な病気で入院した佐藤雄太選手（三年）のユニホームを山本悠貴マネジャー（同）が自主的にベンチに飾った。

敗退後、監督は三年生たちに「入学時の能力は、自分の四十年以上の経験の中でも低かった」と語り掛けた。その上で、それを補った努力を褒めた。「全ての面で一番成長した。仲間と学んだことを忘れず、受けた恩を人生で成功して返してほしい」生活の一つ一つが、甲子園に、その後の人生につながる。指導をより行き届かせようと、金城監督は今春、空き家を改修し、寮をつくった。作業にはかつての教え子らが協力し、地域からの差し入れも多い。まちを再び活気づける日に向け、名将と部員たちの挑戦は続く。

メモ＝愛知黎明高校　弥富市稲吉にある市内唯一の私立高校。一九六四年に弥富高として開校し、二〇一三年に現校名に変更。普通科に国際、地域、自然、アスリートの四つの探究コースを設置。看護科もあり、在校生は約六二〇人。校訓は「人間の尊厳を学び、道を拓く」。主な卒業生はプロ野球広島の栗林良吏投手ら。

2　剣道七段の女性教頭

威勢のいい掛け声が飛び交う愛知黎明高の体育館。剣道部顧問の青山光加さん

（58）は教頭になった今も、生徒たちと汗を流す。合格率が一割台という七段の腕前。指導では技術だけでなく、常々、心の持ちようも説いてきた。
「やってやれないことはない」。中でも伝えたいのが、この挑む心。自身は歩みの中で実感してきた。

熊本県に生まれ、八歳で竹刀を握った。小学生のころは、男子も交じった大会で活躍。愛知の中京大に進み、女子のインカレ団体戦で二度の準優勝を果たした。卒業後、二十五歳で結婚。九歳上で頑固だが、家族思いで優しい夫との間に、一女二男に恵まれた。

専業主婦の時期を経て、愛知黎明で憧れの体育教師にもなれた。順風満帆に思えた人生。暗転したのは、結婚二十年を目前にした二〇〇七年だった。

夫にがんが見つかった。すでに「ステージ3」まで進行し、手術は困難。半年後、静かに逝った。子どもたちはまだ成長期。小学五年だった次男はショックから、就寝後に無意識にうろつくようになり、夜中も見守り続けた。強くあろうと振る舞ったが、寂しさや不安に襲われると、隠れて泣いた。

それでも、「子どもという宝物はいる」と励ましてくれる親戚がいて、剣道で養った折れない気持ちがあった。教壇に立ちながら、子育てにも奮闘。反抗期にさしかかると、時には取っ組み合いのけんかもした。長男が授業をサボってバイクの免許を取った際は、免許を破って、頭を丸めさせた。

剣道部の顧問として生徒たちの指導にあたる

学校での指導も、ベースには「剣道と子育て」がある。愛情を根っこに持ちながら、気にかかることがあれば、厳しい言葉も口にする。生徒たちも熱意に応え、剣道部は、尾張大会で優勝の常連に。今年は女子が県高校総体の団体戦で、初の四強に入った。一方で「必ず逃げ道はつくる」。保護者との連携も欠かさず、叱った時は、家庭でのフォローをお願いし、自分が間違えば素直に謝った。

最近、うれしいことがある。地元の大会で、部員らが裏方を務めた際、関係者から「礼儀もきっちりしているね」と言われることが増えた。「黎明の生徒がいると地域は助かるし、明るくなる、と感謝されるようになってくれれば」

一昨年、同校生え抜きでは初の女性管理職になった。剣道が教師になる道を開き、人生を支えてくれた。大切にしていることは「一意専心」。生徒たちにも、情熱を注げるものを見つけてほしいと願っている。

3　16歳のなぎなた男子

弥富市はなぎなたのまちである。一九九四年の愛知国体で、合併前の旧弥富町が競技会場となったことをきっかけに、今も子どもたちが古式ゆかしい武道に親しむ。県高校総体二連覇中の愛知黎明高二年、野村樹輝さん（16）もそうした環境で育った一人だ。

穏やかな今風の男子高生は、道場に立つと、表情を変える。なぎなた部の仲間たちとともに稽古に励み、「面《めん》」「胴」「すね」と鋭い声を上げる。俊敏に動き、自分の背丈よりも高い二メートル強の武具を自在に操る。得意技は「面打ち」。相手の目をしっかりと見据え、すきを逃さずに打ち込む。

小学四年の時。春祭りでなぎなたの演武を見た。「形が凛《りん》として、かっこよかった」と心を動かされ、学校のクラブで始めた。中学入学後は、部活に加え、市なぎなた連盟の稽古にも通うように。高校でも続け、一年生ながら全国高校選抜で三位になった。

弥富市なぎなた連盟の稽古で、飯塚さん（右）から指導を受ける野村さん

国体の時は、地元の至る所にのぼり旗が立ち、全国の選手らが民泊した。地域ぐるみの熱はいまも残り、優秀な指導者たちが、子どもたちの成長を支える。かつて愛知国体を制した市連盟の飯塚義子さん（53）も

その一人。「後進の育成は国体開催の恩返し」と話す。中学から飯塚さんに指導を受けてきた野村さんも「すごい先輩の教えを受けられる環境があるから、強くなれた」と感謝する。

熱に水を差したのは、昨年からの新型コロナウイルスの流行。稽古が十分にできなくなり、大会も相次いで中止に。コロナ前は、市連盟による音楽に合わせた演武「リズムなぎなた」が、地域の催しや福祉施設への慰問で人気だった。野村さんも参加してきたが、披露する機会を失った。

防具をつけた人形を相手になぎなたを振る苦しい日々。それでも、うれしいこともある。自宅前で自主練をしていると「頑張ってね」「慰問にまた来てね」と地域の人から声を掛けられるようになった。「弥富にとって、なぎなたは伝統なんだ」と改めて実感した。

稽古に励む愛知黎明高校のなぎなた部員ら

国体は野村さんの生まれる前の出来事だが、周りの人たちから何度も聞かされ、誇りに感じている。あれから二十七年、市内のなぎなた人口は着実に増えたが、全国的にはまだまだ少ない。弥富に根付いた日本古来の武道の灯《あか》り。「今度は自分が活躍を続けることで、次につないでいきたい」。若き担い手はそんな覚悟も持ち始めている。

4　看護学ぶ女子生徒

看護師の「卵」たちにも、出番が巡ってきた。今夏、弥富市役所内の保健センターであった新型コロナワクチンの集団接種。人手不足の会場で、愛知黎明高の看護科生たちが、ボランティアとして働いた。

「予診票を確認させてください」「薬は飲んでますか」。会場案内や経過観察も担当。三年の蒔田結菜さん（18）は接種を受ける人たちの不安を取り除くように、笑顔で声を掛けた。弥富はふるさと。「地域の人たちの役に立てた」ことがうれしかった。

志のきっかけは、小学生の時に見たテレビドラマ。ドクターヘリに乗って患者を助ける主人公に憧れた。五年間で看護師資格を取得できる地元の黎明高へ進んだ。

念願の白衣を着て学ぶ毎日、痛感するのは医療に関わる大変さだ。ドラマには映らない世界。人体の勉強から看護技術まで、「覚えなければならないことが多すぎて……」。思わず弱音もこぼれそうになる。

「何よりつらかった」と振り返るのは、昨年、病院で実習した四週間。看護計画のリポートがまとまらず、睡眠時間が取れないこともあった。

受け持った脳梗塞の高齢女性は体調の悪い時、何を聞いてもはっきり返事をしてくれなかった。手を差し伸べようとしても「やらなくていい」とはねつけられ、力不足と戸惑いを感じた。

そんな時、病院の看護師が教えてくれた。「カルテだけでなく、ベッドサイドでしか得られない情報もあるよ」

女性は病室の窓から、外をよく眺めていた。鳥が好きなんだ、と分かった。鳥の名前を調べて伝えると、次第に心を開いてくれるように。入院生活への不安も聞け、看護計画がうまく作れるようになった。

他の患者からは、看護のお礼にと、まひが残る手で描いた似顔絵ももらった。過酷さの裏には、とびきりのうれしさがあることも現場に行って知った。

いつか、災害派遣医療チームの一員になることが目標だ。弥富は、海抜ゼロメートル地帯で自然災害のリスクが高い。地元の備えを支える未来も思い描く。

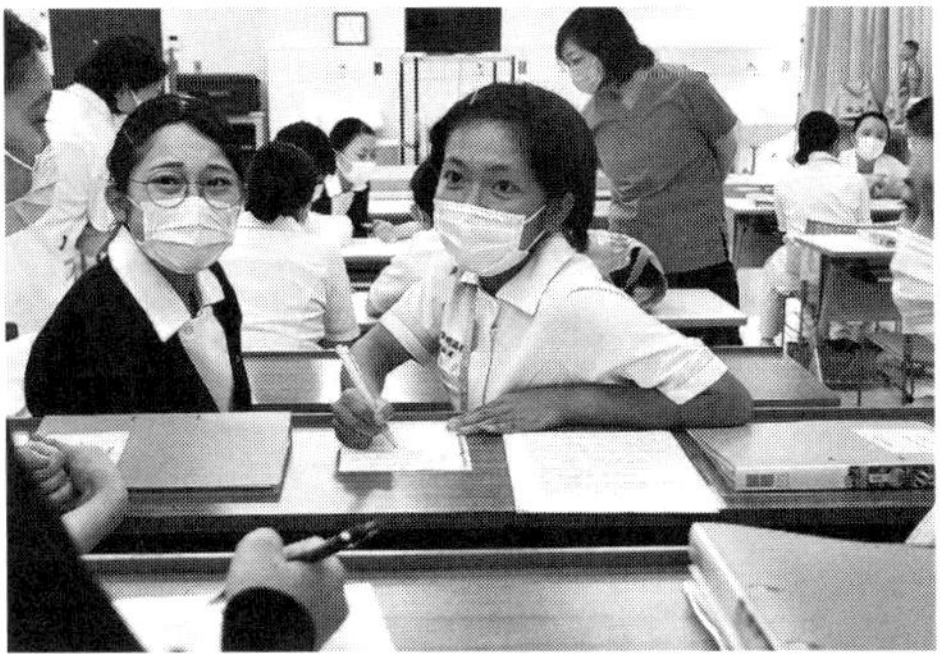

病院実習に向けて他の生徒たちと話し合う蒔田さん（中央）

コロナ下の医療現場には、自分が感染しないようにも注意しながら、張り詰めた日々を送る先輩たちがいた。その中で自分も同じように働けるか、今はまだ不安だ。だからこそ、もっともっと学ばなくてはならない。「『あなたがいてくれてよかった』と思ってもらえる人になりたいから」

2021年9月26日、10月3、10、17日掲載

いいかふぇ

小中寿美

1 「普通」の店を目指す店主

桜並木も、深まる秋の顔を見せている。五条川からほど近く、岩倉市東町の住宅街の中に「いいかふぇ」はある。昭和の雰囲気が残る民家の座敷は、品数豊富なランチを楽しむ女性客や家族連れでにぎわう。

一転、奥の厨房《ちゅうぼう》はピリッとした空気が漂う。厳しく指示を出すのは、店主の金治《きんじ》弘樹さん（51）。スタッフには身体、知的、精神とさまざまな障害があるが、仕事に妥協はしない。料理を出すことで「お客さんの命を預かっている」と言う。

金治さん自身、聴覚障害がある。障害者の就労を支援する

店の厨房で調理などを担当するスタッフたち

NPO法人の理事長として、二〇一七年に店をオープン。目指したのは、障害を理由に特別扱いされない、「普通」の店だ。衛生面や正確な作業。求められる水準は高い分、「社会の中で生きている、と感じられるはずだから」。

その思いは、もがき苦しんだ過去の実体験から。バンドで音楽活動をしていた二十六歳の時、火災で大やけどを負い、両耳が聞こえなくなった。ショックで岐阜の山奥に引きこもった。

調理を任せられるようになってきたてつふみさん（左）と金治さん

地元の岩倉市に戻り、火災から二年が過ぎた。障害のことも隠さず伝えられるようになった。しかし、耳が聞こえないことを知ると、相手が面倒を避けるように会話を打ち切ってしまう。何度も続き、打ちのめされた。

生活のため、飲食店で働き始

めた。カレー作りが得意なことぐらいしか、取りえはないと思えたからだ。雇ってくれる店を一年がかりで見つけたが、修業は苦労続き。呼ばれても気付けないと、菜ばしが飛んできた。必死で仕事を覚えて独立。市内にサンドイッチ専門のカフェを開いた。しかし、「周りに迷惑をかけている」と、どこか萎縮したままだった。

開店から十年を迎えようとしたころ。食材の仕入れで知り合った若者の一言が背中を押した。「店を繁盛させてすごい。よくやってると思う」。一人の人として認められ、社会に再び溶け込めた気がした。

自分も誰かにきっかけを与えられれば。「障害者が主役になれる居場所をつくりたい」。仲間が増え、NPO法人を発足。空き家を改装して障害者たちが働く、いいかふぇを始めた。

仕事は障害や個性に合わせて割り振るが、スムーズにいかないこともしばしば。それでも一歩一歩、前に進む。「てつふみさん」は火を扱う調理や仕込みができるようになった。ドリンク担当の「ひろみさん」、蒸し野菜を作る「やまもとさん」、洗い物などをする「さかいさん」も、厨房での姿が様になってきた。

客を送り出した後、店の縁側。仕事を覚えやすいようなメモを作るのが、金治さんの日課だ。一品ずつレシピを書き出し、野菜の切り方や盛り付けはイラストで描いて説明する。

時には厳しく指導もするが、スタッフたちは「やりたい」と通ってくる。みんな必要な人だから。一人ひとりの顔を思い浮かべながら、きょうもメモを書く。

2　元引きこもりの客席担当

畳に膝をつき、両手で持ったお膳をゆっくりとテーブルに置く。古民家を改装したいいかふぇの看板メニューは、揚げ物などの主菜に蒸し野菜、小鉢も付くランチ。スタッフの女性が客の元へと運ぶと、「わぁ」「おいしそう」と声が上がった。

弱視と軽度の知的障害がある松宮秀香《ひでか》さん（41）。「ご飯とおみそ汁はおかわり自由です」。手のひらを向けながら説明した後、にこにこして客の顔を見つめる。

「人が好きなんだと思う。お客さんから笑いを取ることもある」。店を運営するNP

O法人の理事で、松宮さんと客席を担当する石黒美穂さん（49）は言う。雰囲気づくりに一役買う存在だが、最初からそうだったわけではない。かつては暗い表情をして、人を怖がっていた。

小学校高学年のころ、見た目をからかわれるなどして不登校になった。フリースクールを経て、手に職をつけようと専門学校へ進んだが、人間関係がうまくいかず、一宮市の自宅に引きこもった。

「このままじゃだめだ。家族に迷惑をかけたくない」。二〇一四年夏、障害者の就労を支援しようと法人が開いた岩倉市内の事業所に通い始めた。仕事は袋詰めなどの単純作業が中心だったが、体が弱く休みがち。通えてもすぐ疲れて横になった。

転機となったのは、たまたま携わった喫茶の仕事。事業所が業務を引き受けていた店で人手が足りず、声を掛けられた。「やってみます」と即答。ドリンクを作ったり、客に出したり。思った以上に楽しめた。

いいかふぇでは四年前のオープン時から働いている。注文を取り、お膳を出すことに少しずつ慣れていった。コロナ禍で一年前からランチ営業が休止になり、事業所での仕事に戻った時期もある。でも、その姿はもう以前とは違った。内職の作業でも早く進められるようになっていた。

この夏。厨房《ちゅうぼう》のメンバーから「ランチをまたやりたい」と声が上がると、松宮さんも「やりたいです」と続いた。金曜のみの完全予約制ながら、十月にランチが再開。松宮さんも、接客の場に帰ってきた。

お膳を置いて料理の説明をする

ブランクは不安だったが、すぐに勘を取り戻せた。時折、体が苦しくても、薬を飲んで少し休んで、客席に戻る。たくましくさせるのは責任感と充実感。「お客さんが喜んでくれると、こっちもうれしくなる」

客の反響を受け、ランチは十二月から週三日になる。店はまた忙しくなりそうだが、松宮さんは目の前の一日を必死で生きる。「将来のことは分からない。毎日、無事に仕事を終わらせられたら」。それが今のささやかな願い。午後三時すぎ、やりきった表情で店を後にした。

3　手染めこいのぼりを置く職人

紺や黄、緑の大胆な色使いが客の視線を誘う。滑らかなひれやうろこの曲線が、布に命を吹き込む。いいかふぇのあちこちに、手染めしたこいのぼりが飾られている。近くを流れる五条川では、こいのぼりののりを落とす「のんぼり洗い」が初春の風物詩。店にあるのはわずかなミスがあり、空を泳がなかった品々だ。とはいえ、それも幕末から続く「旗屋中島屋代助商店」（同市中本町）の職人たちが手がけた一点ものであることに変わりはない。

店では手提げかばんや布マスク、ペンケースなど、職人たちが試作や習作に使った布を再利用した小物が売られている。商品を持ってくる竹内亜衣さん（31）も、修業中の職人の一人だ。

暮らしに関わるデザインを学んでいた学生時代、包丁を作る工房を見学した。鉄をたたくところから、柄を付けるまで、すべて自分たちでやっていた。「一から十まで全工程やるのは面白そう」と印象づけられた。手染めの老舗にも同じような魅力を感じ、六年前に働き始めた。

デザインや「筒描」を自分で行ったかばんを持つ竹内さん

江南市で生まれ、のんぼり洗いは見聞きしていたが、手染めは未知の世界。大きなこいのぼりで用いられるのは、「筒描《つつがき》」と呼ばれる昔ながらの技法だ。紙製の筒から、米で作ったのりを絞り出し、布に輪郭や模様を描く。はけで全体を染めてから、布を洗ってのりを落とす。染まらなかった輪郭が白く浮き出る様に、「格好いい」と感激した。

一方で、たやすい道ではないことも自覚した。輪郭の太さは描くものによって一ミリ〜三センチとさまざま。力加減を調整しながら、太さをそろえて描ききれるのは、代表の松浦代助さん（57）だけ。竹内さんははけで染める作業を、ようやく任せられた段階だ。

色が少しでもはみ出れば、一から作り直す。やり直しはきかない。特に舞台幕など幅十数メートルにもなる布を染める時は、緊張して胃がキリキリと痛む。

失敗した布は、練習や試作用に回る。商品として世に出すことにしたのは、松浦さんが「客の反応が分かり、職人の技術向上につながる」と考えたから。いいかふぇにも四年前のオープン時から並んでいる。竹内さんが関わったこいのぼりの布は「これ、いいよね」とスタッフが褒めてくれ、かもいの上の目立つ場所に飾らせてもらえた。

竹内さんが目指すのはもちろん、大きなこいのぼりを仕上げる優れた職人。でも、身近な形で伝統の技法に触れてもらうことも、同じように大切だと考えている。まず

工房で幕を制作する。腰の高さに張った布を、刷毛を使って染める

は、ランチ客でにぎわうこの店で。「商品を手に取ってもらいたい。染め物のファンが少しでも増えれば」と願っている。

4　休業日のカウンセリング

普段はランチ客でにぎわういいかふぇ。だが、ランチ営業のない日の午後、古民家を改装した店内は、悩みを抱えた人たちが訪れる場所となる。

十一月中旬にやってきた四十代の女性もその一人。カウンセラーの近藤陽子さん（51）に見守られながら、幅七十センチほどの箱に向き合う。中に入った白い砂を女性が手でかき分け、曲線を作ると、水色の底が見えてくる。砂の上には、動物や花などのミニチュアを自由に置いた。

心理療法の一つ「箱庭療法」。近藤さんが、それぞれの配置の意味を尋ねる。女性いわく、水色の線は川で、花が咲く片方の岸は幸せの楽園。反対の岸にいるネズミは自分で、「川を渡れずにいる」という。

ネズミの周りに置かれた複数の流木《りゅうぼく》は「ハードル」と表現し、具体的な悩みを話し始めた。近藤さんは解決策を説きはしない。「それはできなくてもしょうがないね」と寄り添う。

一宮市出身の近藤さん。この仕事を目指した土台に、自身のパニック障害がある。二十八歳の時、ストレスや不安を感じる出来事が重なり、そう診断された。予期せず、息苦しさが襲ってくる。外出が不安で、各駅に止まる列車しか乗れなくなった。

通院を続けて子どもも出産。少しずつ症状は落ち着いた。振り返って最もつらかったのは初期。今ほど病名は知られていない。つらさを誰かに聞いてほしかったが、身近な人にも「甘えないで、自分で考えて」と突き放された。ならば、自分が「誰か」になろうと、名古屋の学校で心理学を学び、民間のカウンセラー資格を取得した。

悩みを聞く場所を探していた二〇一七年、障害者の就労を支援するNPO法人がいかふぇをオープン。休業日は貸しスペースとなる店を「人助けにつながる活動に使ってほしい」と考えたことなどから、近藤さんに声が掛かった。岩倉は夫の故郷で、縁ある場所。箱庭療法ができる十分な広さもある。通常のカウンセリングと合わせて有料で始めた。

民間のカウンセリング施設は市内にほとんどなく、これまで地元や周辺から延べ約五百人が訪れた。近藤さんが、特にやりがいを感じるのは「本人がふたをしている部分がパカッと開く瞬間」という。気にしていなかったはずの年老いた母の存在の大きさに気付き、涙を流す人もいた。気付きは時に苦痛を伴うが、「それでも大事。そこから動けるようになるから」。

心のふたが開くのは、この部屋の力もあるのかもしれない。縁側のすりガラスから優しい光が差し込み、時折、風が吹き抜ける。まちの「心の保健室」を目指して、店の扉を開く。

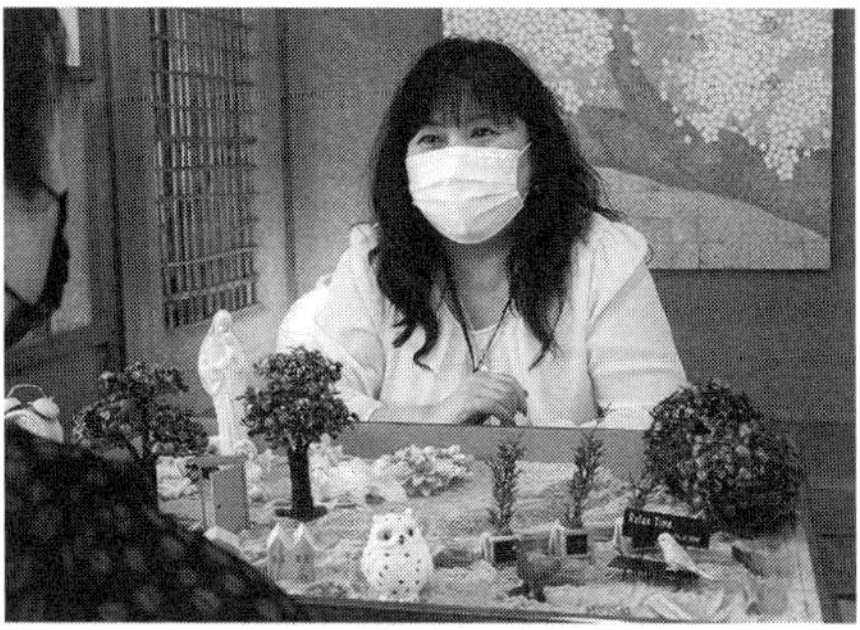
箱庭を作った女性と話す近藤さん

メモ＝いいかふぇは、スタッフの体調の変化などに伴い、二〇二二年夏にカフェ営業を中止。現在は、作業所で働く障害者向けの弁当作りを注文に応じて続けているほか、リサイクルショップ開業の準備が進んでいる

2021年11月7、14、21、28日掲載

木田駅かいわい

吉田幸雄

1　郷土史調べる元中学校教師

福島正則、蜂須賀小六、豊臣秀次、玄人向けだと溝口秀勝……。みな、旧美和町（現あま市）に生まれ、後に城主となる戦国武将だ。名鉄木田駅（同市木田）北側を通る「旧津島街道」の古い街並みを歩きながら、山内専治さん（70）の解説に熱が入る。

木田地区で生まれ育った。中学校の社会科教師だったが、郷土史に関心を持ち出したのは五十歳のころ。町内会長を引き受け、地元の木田八剱社《はっけんしゃ》に伝わる秋の大祭「湯の花神事」の運営に携わるようになった。子どものころから祭りには親

朝、名鉄木田駅に向かう通勤、通学客ら

しんできたが、年月を経て、疑問が浮かんだ。「神事に登場する山車はなぜできたんだろう」

調べてみると、答えはいつも歩いている旧津島街道にあった。江戸時代から整備が進み、津島から名古屋へとつないだ。地元では「上街道」と呼ばれ、道中の木田には休憩する茶店が建ったという。大正時代、街道沿いには酒蔵が五軒くらいできるほど栄えた。その経済力を支えに、今も残る六台の山車が作られたのだと想像できた。

古い街並みが残る旧津島街道で歴史を語る

興味は広がり、講演を聴いたり、歴史書を読んだりするように。地元の武将が活躍した場所にも足を運ぶ。福島正則が「七本槍《やり》」に数えられた合戦があった賤ケ岳はどんな場所なんだろう。気になれば、正則が仕えた豊臣秀吉の出世城となった長浜城跡へ。訪れた場所が増えるたび、新たな疑問も増え、一つ一つ答えを探し歩いた。

蓄えた知識を、地元の人たちとも共有する。五年前から、木田公民館で開かれる「サロン木田」の講師を頼まれ、郷土史を語っている。

毎年、四十人ほどが集まる。テーマは郷土の過去だけでなく、未来にも及ぶ。地震による津波被害と隣り合わせの土地柄。講演には、東日本大震災で被災した宮城県石巻市を訪れた際に感じた教訓も織り交ぜる。普段から意識を高め、コミュニケーションを深めておくことが、「災害時に助け合う大きな力になる」と信じるからだ。

木田地区の商店街は、かつて繁栄した旧津島街道沿い。昭和も高度成長期ごろまではにぎわったが、次第に店が移転し、現在は人通りが減った。名鉄木田駅は毎朝、多くの通勤、通学客を迎え、まちは名古屋のベッドタウンとしての色合いも濃くなった。

山内さん自身、以前は気付かなかったように、まちは知られざる顔を持っている。「歴史を知れば、今のまちがわかる。いずれは子ども向けの講座を開き、街道沿いを一緒に歩けたら」。郷土に誇りを抱く人たちを増やすことが、将来のまちおこしにつながると思っている。

2　練り切り作る和菓子職人

左手に持った白あんなどの生地に、右手のへらで細工を施す。茶道などで出される練り切り。一個当たり二、三十秒ほどで、和菓子の花が咲いていく。木田駅近くの「芳春軒」で、店主の早川保さん（58）がさらりと言う。「同じように見えるけど、実は一個一個違う。花や木など自然に同じものはないようにね」

店頭でパンを販売する兄・史朗さん（左）と早川さん

戦後すぐに創業した店の三代目。大学を卒業後、東京の店などで二年間修業し、帰ってきた。草餅や花見団子、鬼まんじゅうなど、定番の品に加え、十年ほど前から「新しいことがしたい。自由度があって面白そう」と練り切りに取り組むようになった。

キクやナンテンなど王道を踏まえつつ、新たな造形を模索する。アイデア次第で、生み出される世界に限りはない。他の職人や雑誌などを参考にしながら、試作を続けた。

パンダやトラ、ハクチョウ、七五三用にはコアラ、パンダ、ウサギ、フクロウ、カエルまで作った。この頃は練り切りがバレンタインやハロウィーンの市場に顔を出すこともある。「まだ学びながら、新しいものを少しずつ作っていきたい」と考えている。

練り切りを始め、思わぬ副産物もあった。地元の小学校から「子どもたちに作り方を教えてほしい」と頼まれた。「粘土細工のように、楽しんでもらいたい」。人気のキャラクターを作ってみせるなど、興味を引く工夫を凝らした。「女の子は特に出来栄えを見せ合って楽しそうなんだ」とほおをゆるませる。学校での講習は新型コロナウイルスの影響でしばらく休止していたが、来年二月に再開する予定だ。

若い世代が、和菓子に親しんでくれるのがうれしい。そう思うのには、周りの状況

40年以上使っている作業台で練り切りを作る早川さん

もある。先代の父幸雄さん（88）が「以前は通りに和菓子屋が三軒はあった」と振り返るが、いま残るのは芳春軒だけ。「和菓子をやりたいという人がいたら、ぜひ教えたい」と早川さん。伝統の業界に、飛び込む人が増えることを期待する。

最近、店には新たな仲間が加わった。一つ上の兄、史朗さん（60）だ。地元のスーパーでパンと喫茶の店を開いていたが、九月に引き払い、芳春軒の中で、焼きたてパンの店「リアン」を始めた。

「何十年もやってきて、もう辞めてもいいかなと思ったけど、高校や短大の売店で学生たちの笑顔に出会うとやっぱり楽しいから」と史朗さん。和菓子とパン、違いはあるが、お客さんを喜ばせたいという気持ちは同じ。兄弟で店を盛り上げていく。

3　武将の酒を売る酒店

新酒の瓶が今年も届いた。今月十五日、木田駅近くの酒店「橘屋《たちばなや》」。ラベルには「戦国七《しち》武将」の文字。地元ゆかりの武将の肖像画も並ぶ。

店主の加賀功一さん（68）が二十六年前に売り出した。アイデアを得たのは、一本の新聞記事。旧美和町が武将七人が生まれ、ゆかりのある珍しい地域、と紹介されていた。

「この町にそんな歴史があったなんて」。心を動かされるとすぐ、交流があった愛西市の酒蔵に頼んで、商品にした。

販売して一年目。知人から「ラベル以外に何か特徴は」と指摘されると、地元の米「あいちのかおり」を使った清酒にした。その後も必死に酒店や居酒屋、スナックなどを回り、販売先を広げていった。

地域を盛り上げたいという気持ちは昔からあった。四十年ほど前、海部・津島地域の酒店や酒蔵による団体に加わり、イベントに関わるようになった。「観月の宴」と銘打ち、ロックグループを招いて、木曽川河川敷に千人の観客を集めたことも。もともと、「楽しいことが好き。誰にもできないことをやりたい」という性分。思いが形となり、「仲間が集まれば、こんなに大きな力になるんだ」と実感した。

酒だけにとどまらず、武将ゆかりの地をPRしようと、一九九六年には「戦国武将のまちおこし会」を設立。仲間と一緒に武将をテーマにした和菓子、洋菓子、Tシャツなどを販売した。二〇〇五年の愛知万博にも参加。蜂須賀小六の子、家政が阿波おどりを始めたという逸話にちなみ、「美和阿波おどりの輪」を万博会場に登場させた。

新酒を並べる加賀さん

その後は、木田駅前の商店も徐々に減っていき、会は自然解散した。「戦国七武将」の酒もピーク時には、百店以上が取り扱ってくれていたが、今では橘屋だけになった。

それでも志は受け継がれている、と加賀さんは感じている。旧美和町商工会青年部が始め、今年で十七回目を迎えた美和文化会館周辺でのイルミネーション。近隣市からも見物客が訪れる人気イベントだが、加賀さんたちの活動が「きっかけになった」と後で聞いた。「自分のやってきたことは無駄ではなかったんだなと思うとうれしかった」

加賀さん自身の意欲もまだまだ衰えていない。長年の思いと誇りを込めた武将の酒を手に、「まちの歴史を埋もれさせてはいけない。一軒だけになっても売り続けるよ」。今年も新酒を喜ぶ客の顔を楽しみにしている。

4　電飾企画した電器店主

木田駅前に青い光のツリーが輝く。車で五分ほどの美和文化会館で開かれているイルミネーションフェスタをＰＲするため、地元のボランティア団体が設置している。駅前で電器店を営む山崎一孝さん（53）はメンバーの一人。明かりを見ながら「まちを思うみんなの気持ちが集まったようだ」と感じる。

今年で十七回目を迎えたイルミネーションには、立ち上げから関わる。当時は、旧美和町商工会（現あま市商工会）青年部の副部長。「始まりは、ちょっとした勘違いからだった」と苦笑いしながら明かす。

部長から「市内でライトアップを」と提案され、山崎さんはイルミネーションと思い込んで企画した。実は、文化遺産のライトアップを意図していたと後で知ったが、「すでにイルミネーションで進めていたので、そのままにした」。

最初は電球約二万球からスタート。次第に規模を広げ、今では三十万球が敷地一帯を輝きで覆うようになった。取り付け作業はボランティアで担い、山崎さん自身、今でも手伝う。電球の費用以外はかからず、「世界一コストパフォーマンスが高いイルミネーション」と胸を張る。

まちおこしへの思いを語る山崎さん

商工会青年部を卒業後、ボランティア団体「あま市美和かしの木会」に所属する。地域の清掃やチャリティーイベントなどで活動してきた。五年前には地域おこしのプロジェクトの委員長となった。現在力を入れるのは、仲間と一緒に考案した特産品「あま麺」の普及だ。

あま麺は平打ち麺で、生地には地元で多く栽培される小松菜を練り込んだ。最初はネギなどで検討したが、インパクトのある緑色や、栄養価の高さなどから選んだ。研究期間は一年半。あっさりとした味が受けて、中華料理店や焼き肉店など十二店に利用が広がっている。「ここに来て食べてもらうだけでなく、外にも発信したい」と、贈答品としても売り込む。

商工会の活動に誘われてから三十年近く。「商売をやっているだけではいけない。何か一つでもまちのためになりたいと思っている先輩たちに教わったことは多い」と振り返る。小さな電球の光が集まって大きなツリーになるように。「祭りがあれば助け合い、何かあれば集まっている。そんな連帯感を感じる」。支え合って生きる人びとの姿が、木田駅かいわいには今もある。

2021年12月5、12、19、26日掲載

青く輝く名鉄木田駅前のイルミネーション

清洲城周辺

牧野良実

1　甲冑姿の「佐々さん」

ブオーオー。低く太く響く音色が、戦国の空気を醸し出す。金のしゃちほこを頂く清洲城（清須市）につながる朱塗りの橋の上。甲冑《かっちゅう》姿の武将、佐々成政《さっさなりまさ》が肩に掛けたほら貝を吹くと、観光客の視線が一気に集まった。

織田信長の天下統一の出発点となった清洲城。現在の城は旧清洲町の町制百周年を記念して、一九八九年に再建された。桜間啓史さん（38）は、城や清須市をＰＲするボランティアの武将隊「織田家臣団　天下布武」で、信長に仕えた佐々成政役を務める。「清洲城の佐々さん」。地元では親しみを込めてそう呼ばれる。

かつては、もの珍しく城を見上げる中の一人だった。岡山県出身で、就職を機に愛知県にやって来た。もともと理系で、歴史への興味はあまりなく、城や武将についての知識も乏しかった。

戦国との縁を生んだのは、大学時代は全国大会にも出場した馬術の腕前だった。二〇一三年の名古屋まつり。会社の先輩の勧めで、郷土英傑行列の出演者に応募すると、信長役に抜てきされた。

信長に導かれるかのように、その四年後、偶然、清須に引っ越した。名古屋まつりの経験がきっかけとなり、地元の武将隊に入ることになった。「モテるかもな」というぐらいの軽い気持ちだった。

会社員として勤める傍ら、週末は観光客と写真を撮ったり、城内を案内したりしてもてなす。ゆかりのない土地で、地域の人たちとのつながりも増えた。「名前さえ知らなかった」という佐々成政役にも愛着が生まれた。「観光で来た人たちの思い出になってほしい」。コロナ禍前は毎週末、城下に立ち、迎える側としての責任

武将隊として観光客をもてなす

感が生まれた。

清須に住み始めた頃は、近くに川があって自然豊かな場所、という程度のイメージしかなかった。だが、いまなら「魅力を一時間は話せる」。清洲城だけでなく、あいち朝日遺跡ミュージアムや五条川の桜並木……。埋もれた観光資源を掘り起こし、伝える面白さを感じる。

「天下の名城」とうたわれた清洲城だが、名古屋に遷都した一六一〇年の「清洲越し」でにぎわいを失った。その構図のまま、現在の清須も名古屋周辺のまちの一つとして、存在感を発揮しきれていない。

佐々成政は、信長の天下統一への歩みを支えた。桜間さん自身も、その生きざまを見習って行動しているという。「武将隊の仕事を、もっと極めたい。みんなに清須の魅力を知ってもらって住む人が増えてほしい」。再びまちの名を上げるため、城から出陣する。

2　撮影続ける写真愛好家

いつもと違う景色に心が躍った。しんしんと降る雪が、ライトアップされた夜の清洲城をより際立たせる。「これはいけるぞ」。静まり返った暗闇でただ一人、一眼レフカメラのシャッターを切る指先に力が入った。

雪の予報があった今月十三日。仕事を終えた村瀬正明さん（52）は、名古屋市西区の自宅でその時が来るのをじっと待っていた。以前から狙っていた、清洲城と雪の結晶を重ね合わせたような作品を撮るためだ。午後十時前、雪がちらつき始めた。すぐに家を飛び出し、車を走らせた。

村瀬さんが撮影した雪の舞う清洲城

カメラに興味を持ったのは二〇〇五年。偶然、年代物の蛇腹式を本で見かけて、購入した。古い物好きの心がくすぐられたからだったが、それをきっかけに撮影を始め、他のカメラも手にするようになった。

当時住んでいたのは、清須市に合併する前の旧春日町。西区生まれだが、結婚を機に、通勤しやすいことから移り住んでいた。被写体を探していた時に、近くに清洲城があった。

初めて城を撮ったときのことは今でもよく覚えている。夜桜越しの城を狙ったが、カメラの使い方がよく分からず、明るさも色味も合っていない。「今思えば完全に失敗作」だったのに、応募した清洲城の写真コンテストでなぜか入賞した。「誰かに認められるのがうれしくて」。カメラとともに出掛ける時間が増えていった。

清洲城の写真を撮り続けている村瀬さん

雑誌を買って勉強し、地元の写真愛好家のグループにも参加するように。思い通りに撮れなければ、再チャレンジしようと、連日のように城に来てカメラを向けた。コンテストは落選が続いた時期もあったが、一昨年には初めて最高位の市長賞に輝いた。

街中にある築三十年余りのコンクリート製の城だが、その分、構図の選択肢は幅広い。山の上に立つ城とは違って、どの方向からも狙いやすい。近くの桜並木や新幹線を絡める定番以外にも、「城は主役にも脇役にもなれる。まだまだ撮れる作品はある」と言う。

清洲城に始まり、星空や電車なども撮影してきた。他の被写体で経験を積み、また清洲城に戻る。同じアングルから狙っても、切り取る瞬間や光の当たり方で違った表情を見せる。数多く撮影してきたが、同じ一枚はない。「試行錯誤が楽しい。飽きっぽい性格にも合っていた」と笑う。

あの時、コンテストに入賞していなければ、足しげく城に通うことはなかっただろう。「撮影がうまいわけではない」と思っている自分に、この場所は独自の視点を試させてくれる。「自分の写真を見て、清洲城を見に来てくれたらうれしい」。それが恩返しなのかもしれない。

3　朝市のかりもりのかす漬け

かつての城下町が、売り買いの声でにぎわう。毎月第一日曜、清洲城のそばで朝市が開かれる。焼きたてのパンや新鮮な地元野菜、花……。十余りのテントが並び、買い物客は品定めをしながら、店の人たちと会話を楽しむ。

第一日曜日に開催される清洲城朝市

十年以上前、朝市が始まった時からの定番品は、「かりもり」のかす漬けだ。県の伝統野菜に認定される白ウリの一種で、同市一場の太田ゆみさん（88）らが栽培し、漬物にしている。一月末、太田さんの自宅の作業場を訪れると、酒かすのべっこう色に手を染め、仕込む姿があった。「ずっとかす漬けをやっとるから、手がつやつやなんだわ」と笑った。

清須市境の旧大里村（稲沢市）で、六人きょうだいの長女として生まれた。五歳のころから家の田畑で、コメやホウレンソウ、ダイコンづくりを手伝った。

小学校の高学年になると、野菜をいっぱい積んだリヤカーを自転車で引っ張り、早朝から西枇杷島の問屋に出向いた。小さな子どもが来るのは珍しく、みんながかわいがってくれた。

家の中より、お日さまの下にいるのが好きだった。「おい、ええ娘。大きくなったら何になるや」。近所の人に聞かれると、少女は決まって、こう答えた。「お嫁さんに行って百姓をやるの」

二十三歳の時に旧清洲町に嫁ぐと、幼い頃から身内に教わった漬け方を思い出し、かりもりのかす漬けを作り始めた。一週間から十日、塩漬けにした後、かす床へ。夏は少し辛め、冬は砂糖やみりんを多めに加えて甘口に味付けを変えた。

カリッとした食感、絶妙な塩加減は白飯のお供や酒のつまみにぴったり。その味をもっと知ってもらいたい。四十代のころには地元農家の女性を集めてグループをつくり、特産品として売り出すようになった。

「漬物は生き物だから、喜んで漬けないと味が悪くなる」。そんな気がして、みんなで楽しみながら作業した。地元の催しなどで販売すると、ほぼ完売する人気を集めた。しかし、メンバーの高齢化などでグループは縮小。多い時で数十人いた担い手は、十年余り前に、太田さん一人になった。それでも「ここが産地だから」と伝統を守る覚悟は強まった。「太田さんのかりもりがいい」と応援してくれる人たちにも応えたかった。自分の技術などを教え、二人の後継者も育てた。

かりもりのかす漬けを守り続ける太田さん

ここ数年は思うように体が動かず、過労で作業中に意識を失ったこともある。かりもりの栽培や売るのも若い人に任せ、朝市に顔を出すことも減った。人生に悔いはほとんどない。だけど、かす漬けだけは諦めきれない。

かす漬けの味の決め手はもう一つ。「みんなに喜んで食べてもらいなよ」。そう願う気持ちを込め、生涯作り続ける。

4　城と歩んできた製本会社

清洲城を少し離れた場所から眺めれば、淡い紫色のビルが一緒に目に入る。屋上には「大和《だいわ》製本」の看板。訪ねてみると、経営を担う兄弟が意外な事実を教えてくれた。城の隣に会社を建てたわけではなく、「もともと会社があった場所に城ができたんです」。

創業は一九六四年。五条川沿いの社屋で、伝票の製本を皮切りに、メーカーの取扱説明書や書籍などを作ってきた。当時、周りは田畑ばかり。現社長の鬼頭篤美さん（57）と現専務の相典《とものり》さん（54）の兄弟は、社屋の上階にあった自宅で育った。社長を務めていた父典次さんが働く姿を見て、二人とも小学生の頃から仕事を手伝っていたという。

八九年の旧清洲町制百周年を記念して城の再建が決まると、会社は用地の一部に含まれた。移転先は南へ約二十メートル。四階建ての社屋を油圧ジャッキで基礎ごと持ち上げ、何日もかけて少しずつ動かした。二人が育った場所に、みるみると城が建っていく。「金のしゃちほこが印象的で、完成した時はすごいと思った」

同じころ、兄弟は決意を新たにしていた。父がくも膜下出血で倒れた。一命は取り留めたものの、一線から退き、息子たちに経営の実務が任されることになった。お客さんや社員に迷惑は掛けられない。思いがけず早いタイミングで、大きな責任を負う立場に就いた。

清洲城への思いを語る鬼頭敦美さん（右）と弟の相典さん

引き継いで間もない頃は取引先から信用されず、仕事を減らされたこともあった。「会社をつぶすわけにはいかない」との一心で、早朝から夜遅くまで働いた。できることは全てやり、納期は必ず守る。当たり前のことを積み重ねると、少しずつ、取引先は戻ってきた。
城とは切っても切れない縁だ。近くを走る新幹線やJR東海道線の車窓からも、会社の看板が見える。名刺交換をすると、「新幹線から見える清洲城の隣の会社ですか」と聞かれることもある。

二年ほど前には、クリーム色だった社屋を塗り替えた。選んだ淡い紫色は「みやび色」。黒が基調の城に寄り添うよう、織田信長の天下統一を支えた正室・濃姫をイメージした。土産品として、城や信長をモチーフにした御朱印帳なども作って販売を始めた。

近年、製本業界を取り巻く環境は厳しい。デジタル化の波に押され、後継者不足で廃業する会社もある。コロナ禍で相次ぐイベント中止が追い打ちを掛け、大和製本も、受注が半分ほどになった時期もあった。

それでも、自分たちの手掛けた本が、お客さんの手元に届く喜びは変わらない。城に関わるアイデアも、もっと生み出していきたい。「これからもお城とは一心同体で」。まちのシンボルに見守られながら、歩んでいく。


2022年1月23、30日、2月6、13日掲載

一宮市スケート場

下條大樹

1　長年教える指導員

この言葉にきっかけをもらった人は多いだろう。「靴ひもをきちんと結べれば、上手になれるよ」三月末で閉鎖となる一宮市スケート場（同市松降）の指導員、小笠原多四郎さん（81）＝同市奥町＝の口癖だ。指導歴は半世紀以上で、滑れるようにさせた人は数知れず。「せっかく来てくれたんだから、楽しく、安全に」。思いはずっと変わらない。

現在も週二回、幼児と小学生の教室を担当する。「もっと真面目にやりなさい」「努力が必要だ」「人の滑りを見

昭和40年代、にぎわう一宮市スケート場

「一宮市中小企業福祉センター　組合創立10周年を語る」より

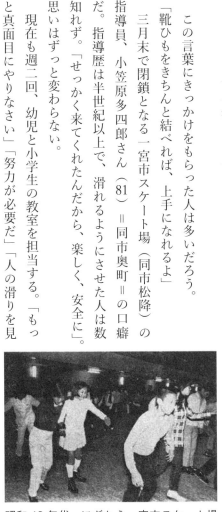

るのも勉強だよ」。時に厳しい口調が混じってしまうのは「長年、スケートを愛してきたから」。かがんで子どもの視線に合わせ、「よくできたね」と褒めることも忘れない。

十二歳の時、友達に誘われ、岐阜市で初めてスケートリンクに立った。その後、アイスホッケーと出合い、選手としてプレーした。専門学校を卒業後、木材加工会社やガソリンスタンドに勤めたが、胸膜炎を患い、退職。できたばかりの一宮市スケート場に遊びに来たところ、職員に滑りを見込まれ、一九六六（昭和四十一）年から働き始めた。

当時のスケート場は娯楽の一大スポット。繊維工場に集団就職した女性らでにぎわい、まさに「芋を洗っているようだった」と振り返る。指導員の資格を得て、子どもから大人まで教えるようになった。

ノウハウも独自で編み出した。スケートを教え始めた頃、どうしてもスケート靴が外側に倒れてしまう子どもがいた。滑るのに適さない形をどう直すか。三歳の長男がヒントをくれた。運動靴の左右を逆に履いてしまうことがあるが、痛がってはいない。

それを、スケート靴にも応用した。

効果はてきめん。靴を逆に履くと、多くの子どもが正しく立てるようになった。今も続ける教え方で、他の指導者も参考にする。いつも気にするのは子どもたちの足元。靴ひもが緩くないか、立ち方は正しいか。「痛くない？　大丈夫？」と確認しながら、ひもを結んであげる。

時代とともに、押しつけすぎず、一人ひとりに合った指導を心掛けるようになった。それでも、根っこの情熱は今の子どもたちにも伝わっている。開明小三年の山田静空《しずく》さん（9つ）は「ちょっと怖いときもあるけど、面白くて、優しい先生」。神山小三年の都竹幾斗君（9つ）も「悪いところは悪いと、きちんと言ってくれる、いい人です」と話す。

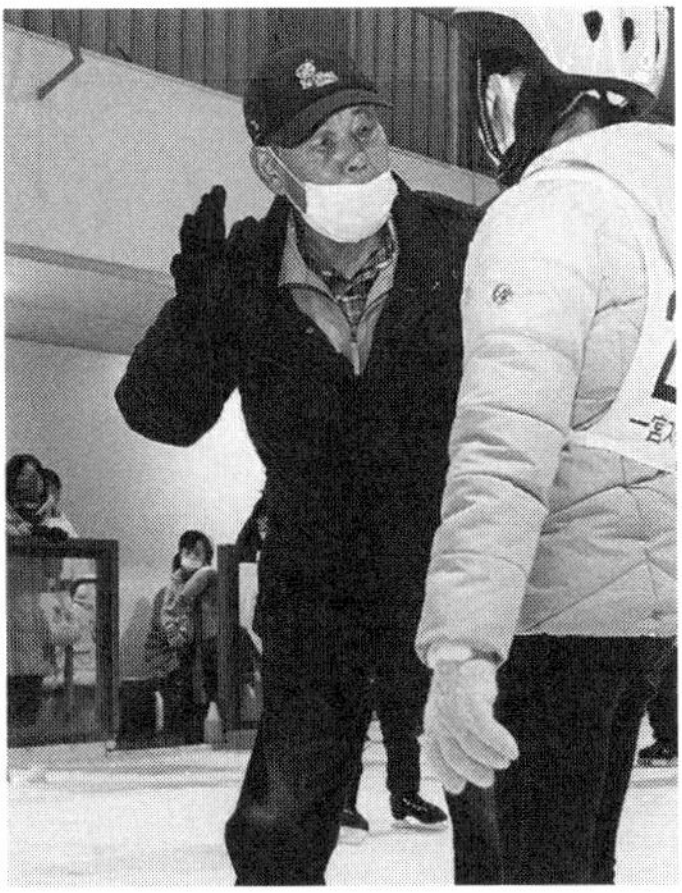
児童に指導する小笠原さん

スケート場の閉鎖が決まり、「自分も

年だから、引退の機会かな」と思った。半年ほど前、利用客がぶつかってから、膝の痛みが消えず、転倒するようにもなった。

「今はあんまり、滑りたくねえ」とこぼしつつ、「子どもたちの教室はやりたい。転ばないように、滑るんだ」。教え子たちとの氷上の時間を、最後までかみしめようとしている。

2　10年レッスンに通う女性

屋外のリンクに現れた女性に目を奪われた。鮮やかなピンクの衣装、華麗なスピン。「いつか、私もフィギュアスケートをやりたい」。四十年以上前の残像を今も追い、中村静子さん＝岐阜県北方町＝もこのスケート場で練習に励んできた。

「もっと回れる、もっと回れる」。今月二十三日、インストラクターの飯尾真由美さん（53）との個人レッスン。指導にうなずき、腕や体の使い方、つま先の位置を確かめる。うまくいくと破顔し、思わずガッツポーズ。近くにいた女の子は「きれい」と見つめた。

福岡県出身。短大二年の時、授業をサボって友達と地元のスケート場に遊びに行った。そこで見たのが、自分より少し年上の女性がスピンする姿。昔から新体操やバレエが好き。フィギュアの美しさにじかに触れ、心引かれるのも自然な流れだった。

大学を卒業した後に、フィギュアのレッスンを受け始めたが、米国への留学が決まったことで中断した。結婚を機に移り住んだ岐阜で、親子のスケート教室に通ったことで憧れが再燃。十年前、一宮市スケート場で飯尾さんに出会い、本格的に習い始めた。

飯尾さん（左）の指導を受ける中村さん

大会出場ではなく、自分の中にあるイメージを追う。思い描くのは、浅田真央さんのような優雅な滑り。毎シーズン、曲を選び、飯尾さんにプログラムを作ってもらう。それを一つ一つ、習得することを目標にしてきた。

普段、自宅や大学で英語を教える合間を縫い、週二回、飯尾さんのレッスンに通う。練習はビデオカメラで撮影し、自宅でも反復する。飯尾さんは「この十年でたくさん回れ、跳べるようになった。成長がすごい」と感心する。

氷の上に立つときは、いつでも「本番」。必ず衣装を着て滑る。二十着の中からその日の気分で選び、自宅から着てくる。リンクで目立ち、視線を感じることもあるが、意に介さない。「『いい年して、何をやっているんだ』って思われている。でも、自分が楽しいから、いいの」

一宮市スケート場があったからこそ、フィギュアを人生の一部にできた。「いろんな悩みやつまずきがあるけど、滑っていると全てを忘れられる。ものすごい気分転換になる」。そのスケート場も、三月末に閉鎖。「こんなに温かいリンク、無くなったらいけない。悲しくて仕方ない」。いとおしい日常との別れに、寂しさが募るばかりだ。

閉鎖の二日前、飯尾さんの教え子たちによる最後の発表会が予定されている。いつも、滑っている時は曲の世界に没頭するが、さすがにいろんな感情が入り交じりそう。「スケート場、真由美先生、スタッフの皆さんには、感謝してもしきれない。気持ちを込めて滑りたい」

3　整氷の担当者

最後だからといって、特別なことはない。平らで滑らかな氷に仕上げるだけだ。三月三十一日、閉鎖の日を迎えた一宮市スケート場。平山悠希さん（28）＝同市木曽川町門間＝は、いつものように整氷作業を終えた。

氷に救われた人生だ。

高校、大学ではスピードスケートの選手。県代表として国体にも出た。大学卒業後は名古屋市の制服メーカーに就職。一年がたち、仕事も勢いに乗ってきたころ、赤信号で止まった車が、トラックに追突された。

一時意識を失い、手や上半身にしびれが残った。制服を運べなくなり、退職。何もやる気が出ず、家に引きこもった。

数カ月後、突然電話が鳴った。高校時代、練習場所の一つだった一宮市スケート場の責任者からだった。けがのことを聞きつけ、「遊びに来いよ」と言ってくれた。覚えていてくれて、うれしかった。

「リハビリ感覚で、週一日でも」。そう誘われ、スケート場の仕事を始めた。休みながらも再び働くと、他のスタッフや常連客が気遣ってくれた。次第に気力が戻ってきた。

しばらくして正規職員となり、整氷を任された。選手だった経験を生かし、滑りやすい氷を目指してきた。氷の状態を見て、整氷車の刃の高さを調整。凸凹となった表面を削り、湯をまいて凍らせ、なだらかにする。

整氷は、開場前と営業中の一日三回。仕上げは手で触って確かめ、スケーターたちを迎えてきた。徹底した仕事ぶりは、「平山君に任せておけば間違いがない」と同僚の信頼も厚かった。作業中、子どもに手を振られたり、写真を撮られたりしたことも、この仕事に誇りを持たせてくれた。

スケート場の副責任者となり、氷以外にも、目配りしてきた。少しうまくなった人は、初心者を邪険にしがち。選手が優遇され、一般客が滑りにくくなった他のリンクも見てきた。

目指したのは、冷たい氷の上に、温かい心遣いのある場所。スケート教室の指導者には、滑り方だけでなく、初心者を尊重する姿勢も教えてもらうように頼んだ。「他の人に気を使えなければ、アスリートとしては失格だから」。一宮には、滑れる人が滑れない人に教える文化が生まれた。

閉鎖前のスケート場で整氷する平山さん

傷ついた自分を迎え入れてくれたスケート場は、平山さんにとって「ホーム」だった。昨年、閉鎖が発表され、信じられなかった。それでも、次第に感謝の気持ちが大きくなった。
最後の一日。「客にとっても、自分にとっても、最高のリンクを作れた」。無料開放され、約七百人が平山さんが整えた氷の上で、滑りを楽しんだ。恩返しができた気がした。

4　この場所で育った選手

子どもたちは純粋に、ただ楽しそうに滑っていた。三月三十日夜、閉鎖前のスケート場。スピードスケート・ショートトラックの平井亜実選手（24）＝トヨタ自動車＝は、指導する後輩たちに、かつての自分を重ね合わせていた。

その三カ月前。あと一歩に迫っていた目標を失った。北京冬季五輪の代表入りを逃した。

スケート場の近くで育ち、小学一年からスケート教室に通った。翌年、「一宮中日スケートクラブ（SC）」で競技を始めた。最初から、素質は際立っていた。当時を知るコーチの鈴木晃さん（56）は「バランス感覚がよかった。ある程度、手本を見せれば滑れてしまう、天才肌の子だった」と振り返る。

2021年12月の全日本選手権女子1000メートル決勝で滑る平井選手（手前）

クラブに入って一年で、全国大会に出場した。鈴木さんからコーナーワークやレースの組み立て方を学び、果敢に攻める滑りが強み。中学一年から国際大会も経験した。一宮北高、中京大時代も実績を積み、五輪は手の届くところに来た。

一宮市スケート場の思い出を語る平井選手

昨年十二月、五輪代表選考会を兼ねた全日本選手権。四種目を滑り、総合二位に入った。しかし、「周りの方が上だった」という国際大会の成績が考慮され、代表枠から漏れた。

この四年、五輪に懸けてきた。「多分、年齢的にも今が一番いい時期。この悔しい気持ちを、どこに持っていけばいいのか」。大きな挫折感が残った。

二年前、市スケート場の閉鎖が検討され始めると、市スケート協会とともに、中野正康市長に直接、存続を訴えた。閉鎖の方針は変わらなくとも、自分が大舞台に立つことで、育ったスケート場をアピールしたい気持ちがあった。「五輪に選ばれていたら、『自分の原点です』ってもっと伝えることができたのに」。後悔は余計に募った。

閉鎖の前日、慣れ親しんだスケート場に帰ってきた。心は沈んだまま、一宮中日SCの練習に参加した。それでも、子どもたちと一緒に滑っていると、「私も小さい頃、同じように素直に楽しくやっていたのを思い出した」。いつしか、久しぶりに「筋肉痛になりそう」なほど笑っていた。

「皆が『いつでも帰っておいで』と言ってくれる、すごくアットホームな場所。大好きで、帰りたくなる」。そんな存在だったスケート場は無くなった。五輪を逃した悔しさも、完全に吹っ切れたわけではない。

ただ、いま改めて思う。「ここまでスケートを好きでやってこれて、よかった。自分は幸せだな」。少しずつでも挑む気持ちを取り戻し、次の五輪を目指そうと思っている。心に残るスケート場の思い出とともに。

2022年3月20、27日、4月3、10日掲載

尾張温泉郷

伊勢村優樹

1　東海センターの支配人

源泉 100% 掛け流しの大浴場

今月の大型連休明け、雨でやや肌寒い一日。午後一時、蟹江町の日帰り入浴施設「尾張温泉東海センター」の営業が始まると、約五十人の常連客らが、一番風呂へと向かっていった。

「いらっしゃいませ」。穏やかな声と笑顔で迎えるのは、支配人の倉知義広さん（50）。顔なじみの客と、親しげに会話を弾ませる。館内には野菜に果物、雑貨、日用品も並び、アットホームな雰囲気が漂う。

「名古屋の奥座敷」と呼ばれた尾張温泉郷で、開業して六十年近く。かつては温泉を核に、観光ホテルや遊園地、ゴルフ練習場もある娯楽の一大スポットだった。蟹江で生まれ育った倉知さんも少年時代、家族や友人と、温泉やプールを訪れた。「当時は珍しいウオータースライダーを楽しんだ」と懐かしむ。

そんな思い出の場所で働くことになったのは、三十代になるころだった。

母美江さんが胃がんで余命宣告を受け、自身は勤めていた中古車販売店が閉店した。アルバイトをしながら、母との最後の時間を大切に過ごした。

母はセンターの食堂街で働いていた。四十九日の席で、当時の支配人に「うちに来るか」と誘われた。母は亡くなるまで、「働きなよ」と自分のことを心配していた。脳裏の言葉に背中を押され、新たな一歩を踏み出すことを決めた。

営繕係や、一般家庭への天然温泉の供給、営業などを担当し、必死で働いた。しかし、時代の波にのみ込まれていく。レジャーの多様化や不景気で、客数は激減。倉知さんは副支配人だった九年前、演芸ホールの閉館という大きな区切りの仕事を任された。

演芸ショーは、過去に都はるみさんや藤田まことさんらスターも出演し、センターの看板だった。倉知さんらは、にぎわいを呼び起こすように、閉館前の一カ月、歌や劇の演目を立て続けに企画。長年の感謝を込め、最後の花道を飾った。

ホテルも閉鎖され、約七割の従業員や全二十五のテナントが去り、温泉だけの営業となった。倉知さんら残ったスタッフには、時代に沿った経営改善が課題となった。

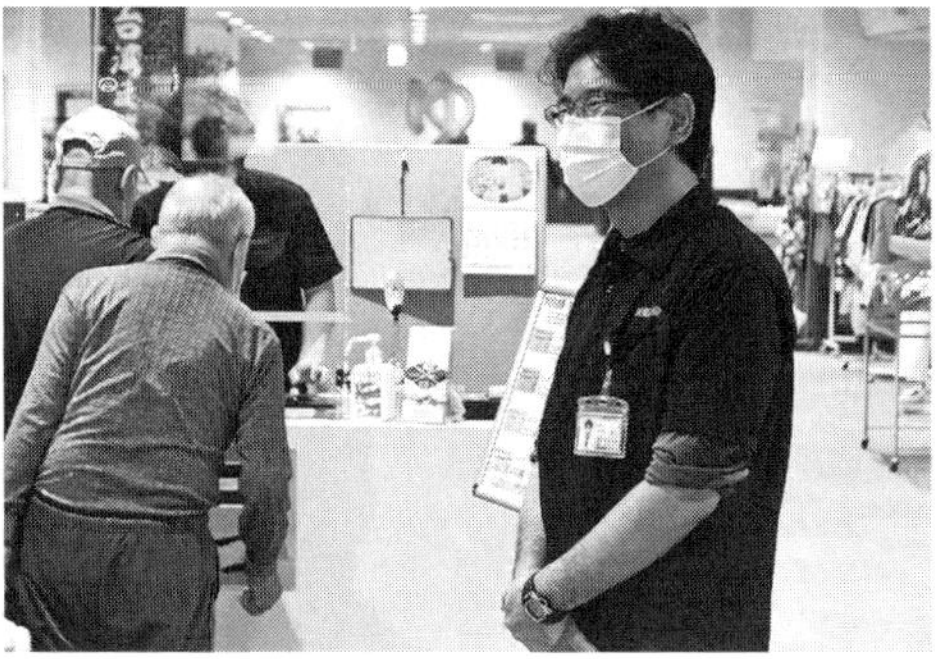
常連客らを笑顔で迎える

取り組んだのは、観光拠点から、地元の人たちに親しんでもらう場所への路線変更。「毎日、源泉掛け流しの湯を楽しんだ上、その日、家で使う物も買える。町の日常に溶け込んでいければ」。物販を拡大、軽食も充実させた。
そのかいあって、近所に住む顔なじみの客が増えた。コロナ禍の今も、客足に大きな変化はなく好調だ。
ひと安心せず、次の手も打つ。二年前、施設を大幅改装。内装を流行の「和モダン」と呼ばれるデザインに一新し、若者客の取り込みも目指す。「いまの常連客と、その子どもや孫の世代までずっと通ってもらいたい。『蟹江イコール温泉』と言ってもらえるようになっていければ」。湯気の向こうにある未来を思い描く。

メモ＝尾張温泉東海センター　「東海ヘルスセンター」として一九六三年に開業。六六年に温泉掘削に成功し、六八年に今の建物が完成した。「尾張温泉」は、当時の桑原幹根知事が命名したとされる。泉質は神経痛や関節痛などに効くとされ、県内で唯一、温泉療法医が薦める名湯百選に選出。岩風呂大浴場が売りで、年間利用者は二十四万人。二〇二〇年に老朽化による初の大改装を行い、サウナや脱衣場などを拡張した。

2　激動の人生　91歳女性

尾張温泉と同じ湯が、無料で堪能できる場所がある。蟹江町西之森にある足湯「かにえの郷」。癒やしを求めて多くの人が集まり、近くに住む船橋益子さん（91）もその一人だ。

同居する妹の堀北桂子さん（75）と訪れては、湯で足をピンクに染め、初対面の人たちとも楽しそうに談笑する。「血行がよくなってポカポカするよ」「足のしびれも治るわ」

体も心も温かくなると、いつも思う。「本当に幸せだなって」。激動の人生を送ってきたからこそ、ぬくもりを実感する。

源泉掛け流しの足湯を楽しむ船橋さん（左）と妹桂子さん（中）

船橋さんは八人きょうだいの四番目として一九三〇（昭和五）年、名古屋市中村区に生まれた。女学校時代は、授業もままならず、戦争一色だった。

空襲のたびに、防空壕《ごう》に逃げ込んだ。米軍機が去った後、外に出ると体中がヒルだらけだった。「目の前に焼《しょう》夷《い》弾が落ちたこともあった」。名古屋大空襲では、実家近くにあった旧制中川中学（現松蔭高）が全焼。多くの友人が犠牲になった。

苦難は続いた。戦後すぐ、母や、きょうだい二人を結核で亡くした。自身も感染。一年間の療養生活を送った。

復帰すると、近鉄名古屋駅の売店で、一番下の妹の桂子さんらを養うため、必死に働いた。結婚も後回しにして家族を支えた姿に、桂子さんは「働いて育ててくれた兄や姉がいたから、進学も就職もできた」と感謝する。

二十六歳で結婚し、津島市へ。ようやく落ち着いた日々を迎えた。二人の子どもも成長、三十年以上勤めた生命保険営業員の仕事も退職し、穏やかな老後のはずだったが、再び暗転。今度はわが子に先立たれた。

三年前から、蟹江町の桂子さんの家で暮らすようになった。お互い一人になった姉妹が始めた、約六十年ぶりの共同生活。朝から散歩して、食卓を一緒に囲み、「妹がいるから楽しい」。新型コロナウイルス禍で、外出も難しくなった中、その存在に救われた。

二人の共通の楽しみが温泉だ。知多や三重・鳥羽にも足を運んできたが、このごろは近くの尾張温泉が多い。船橋さんは「天然の湯だからすごく体が休まり、元気が出るの」と気に入っている。

家族を病気で失った経験から、健康には気を配る。よく眠り、おいしいものを食べるように心掛け、姉妹でジムにも通う。背筋はピンと伸び、つえを使わずに歩く。最近、三十年続けた趣味の詩吟でも、表彰された。

折り重なる災厄を乗り越えて、卒寿を迎えた。これからも小さな幸せを見つけていければと思っているが、今年は心の傷を呼び起こすようなニュースが続く。「戦争は怖い……」。どれだけ名湯に漬かっても、それは癒えることがない。

3　唯一の料理旅館を守る女将

かつてにぎわった旅館やホテルが次々と閉鎖した尾張温泉郷。一般客の宿泊施設として唯一残ったのが、蟹江町学戸の料理旅館「湯元館」だ。住宅街の中に、和風の門構えが際立つ。

「いらっしゃい、ごゆっくり」。新型コロナウイルス感染拡大による行動制限が緩和され、人の動きが戻ってきた五月。女将《おかみ》の服部維子《ゆきこ》さん（80）は、久しぶりの常連客を迎え入れた。

気さくな話しぶりに、周りは引き込まれる。親しみを込め、「ママ」と呼ぶ人も多い。明るい笑顔はいつも変わらないが、かつて一緒に客をもてなした娘が今はいない。

半世紀の歴史を持つ旅館は、服部さんの父が開業した。当初は十人ほどが泊まれる小さな宿。先代女将の母の切り盛りで客が増え、規模を広げていった。

服部さんも若女将として多忙な両親を支えた。早朝から市場に行き、夜遅くまで宴会の手伝いに。そのうち、旅館の仕事に魅力を覚えるようになった。

結婚して二児をもうけ、子育てと仕事を両立した。PTAや町婦人会の役員も務めたが、忙しいのが嫌だと思ったことはない。「目の前の全てをやっていくことが、好きだった」

長女の有美子さんも自分と同じ道を選んでくれた。旅館経営や接客、掃除、会計。女将の仕事に必要な知識、マナー

亡くなるまで、若女将を務めていた有美子さん（左）

を学んでもらおうと、厳しく、温かく目を注いだ。
「これなら私の後を任せても安心だな」。信頼感が強くなっていた折、最愛の娘は突然帰らぬ人となった。二〇一七年一月、宴会の接客に追われていた日。有美子さんは体調を崩し、事務所で休んでいた。「ママ、頭がおかしい」。そう言って倒れ、病院に搬送された。翌日に脳幹出血で死去。五十二歳だった。

直前まで、三重・伊勢神宮に家族で遊びに行くほど元気だった。服部さんは「人生で最も悲しかった」。それでも、亡くなった翌日には営業した。「お客さんに迷惑をかけちゃいけない。予約が入っている分は、ちゃんとやらないと」

しかし、ショックと虚脱感は大きく、初めて旅館を畳もうかとも考えた。転機は娘の死から

優しい笑顔で客を迎える服部さん（右）と孫の絵梨子さん

約二年後。有美子さんの長女絵梨子さん（28）が心配し、客室乗務員の仕事を辞めて帰ってきた。亡き母の着物を借り、旅館を手伝うようになった。

悲しみは癒えることなく、今もふとした時に娘の顔や声を思い出す。それでも家族や常連の存在が励みに。だから、コロナ禍で打撃を受けた時も、再び踏ん張れた。

次の目標もできた。有美子さんの長男で大学生の賢太郎さん（22）が最近、「旅館を継ぎたい」と言い出した。服部さんは喜びつつ、「修業して、私が米寿を迎えるまでには帰ってきてもらえたら」。それまで歩みを止めるつもりはない。

4　町民に寄り添う作業療法士

初夏の日差しが降り注いだ五月末の昼下がり。蟹江町西之森の「尾張温泉かにえ病院」前で、膝の人工関節の手術を受けた女性（85）がつえをつき、歩行訓練に励む。

「段差に気を付けてくださいね」。転ばないように腰を支えるのは、作業療法士の菱田みゆきさん（38）。積極的に話し掛けながら、一緒に歩く。

訓練の前には、院内の施術ベッドで、女性の足の筋肉や関節を動かすリハビリやストレッチを入念に続けた。「通院のたびに、体が本当に楽になる。夫も亡くなって一人暮らし。精神面でも孫のような皆の支えに勇気づけられているわ」。女性が笑みを浮かべた。

つえを高齢女性（左）のリハビリに付き添う菱田さん

ここにはかつて、温泉郷の中核を担った「尾張温泉観光ホテル」があった。二〇一三年に閉館すると、病院が移転。町内では数少ない入院設備があり、リハビリ医療に力を入れている。

長野県出身の菱田さんは、高校時代の病院見学で接した仕事に憧れ、この道を選んだ。

二十五歳で結婚し、蟹江にやって来ると、移転前の病院で働き始めた。

この地ならではの特徴が、尾張温泉の引き湯を利用した歩行浴のプール。菱田さんも、温泉入浴指導員の資格を取得した。患者だけでなく、比較的健康な高齢者にも介護予防として温泉内での運動を教えるように。「浮力により、陸では痛みがある人でも運動がしやすくなる」。湯の中での抵抗で筋力がつき、血液循環やむくみが改善する、と人気を集めた。

尾張温泉に定期的に通った温泉好きの菱田さんにとっても特に、やりがいのある仕事。だが、そんな日常は二年前に一変した。新型コロナウイルスの感染拡大で、プールを使った事業も全て止まった。再開を望む声があるが、感染拡大防止から見通しは立っていない。

二児の母として過ごす家庭内でも、感染防止に神経をすり減らした。手洗い後のタオルを別々にし、歯磨き粉は綿棒に付けてから歯ブラシに付けた。体の疲れに加え、気持ちもめいった。

それでも前を向けたのは、病気やけがをした人が懸命に生きようとする姿を見ているから。足が動かせなくなった人が、孫の結婚式で姿勢よく歩けたり、車いすなしで旅行に行けるようになったり。そんなリハビリの成果を聞くことが何よりの力になっている。

最近、スーパーではよく声をかけられるようになった。地域の会議にも招かれ、高齢者の生活支援について話し合う。「田舎育ちなので、地域の中でみんなから頼られ、このまちの一員として、住む人の支えになれているのがうれしいんです」。今日も患者らに優しく寄り添い、温泉のまちをゆっくり、ゆっくりと、歩いている。

2022年5月15、22、29日、6月5日掲載

美濃路稲葉宿跡

寺田結

1 PR奮闘 有志のリーダー

江戸時代の街道、美濃路の宿場として栄えた「稲葉宿」。今は人通りが少ない商店街にある跡地に、街道観光の拠点となる施設「美濃路稲葉宿本陣跡ひろば」(稲沢市小沢)がオープンしてから、もうすぐ一年半を迎える。「まちのにぎわいを取り戻すチャンス」と、立ち上がった地元住民たち。共感の輪を広げながら、人の集まる新しい街づくりに向けて力を尽くす。

中心になっているのは、稲沢に住んで約五十年の主婦、服部みどりさん(69)。市民有志でつくる「美濃路稲葉宿元気プロジェクト」のリーダーだ。寺社の「御朱印」ブームにちなんで

服部さんが作成したゾウが飛び出る「御宿印」

稲葉宿の「御宿印《ごしゅくいん》」を作り、販売するなど、稲葉宿跡の魅力づくりに努力を惜しまない。今では市内の観光業界の人気者だが、力を入れ始めたのは最近のことだ。

岐阜市出身で、中学生の時に名古屋市内に引っ越してきた。二十歳で結婚し、稲沢にある夫の実家で暮らし始める。直後から夫の祖父母の介護が始まり、出かけようとすると「女が出て行くな」と叱られた。「四十年も前だから、それが普通だった」。間もなく、義父母の介護も始まり、毎日が必死だった。

稲葉宿をＰＲするプロジェクトの服部さん

一方、多忙でも譲れなかったのは「にっぽんど真ん中祭り」への参加だ。ダンスが趣味で、稲沢で出会った友人らとチームを結成。地元の個性を踊りで表現することが条件で、稲沢に関連する織田信長や美濃路の歴史を学んだ。知れば知るほど「深くて面白くて、稲沢を自慢したくなった」。知識を、観光事業などに生かせないかと考え始めた。

二〇二一年四月、市が整備した「ひろば」がオープンすると、ボランティア団体「いなざわ観光まちづくりラボ」の一員になった。自らを「アイデアマン」と称する性格。他の自治体で「御宿印」を作っていることを知り、ひらめいた。

稲葉宿といえば、江戸幕府の八代将軍徳川吉宗の命でベトナムから献上されたゾウが一七二九年、長崎から江戸まで二カ月かけて歩いた際に立ち寄った場所だ。会議で「ゾウが飛び出す御宿印を作ろう」と提案した。周囲の反応は鈍かったが、持ち前の行動力を生かし一人で完成させると、限定百部を数日で完売。勢いのまま、自分の誕生日かつ縁起のいい「一粒万倍日《いちりゅうまんばいび》」だった六月十五日に「美濃路稲葉宿元気プロジェクト」の立ち上げを宣言した。

まずは、地元の人に稲葉宿の歴史を知ってもらおうと、ラボの仲間をプロジェクトに呼び込み、御宿印の手作り体験やマルシェなどの催しを次々と企画。商店街の店にゾウの和菓子やパンを作ってもらうなど、ぐんぐんと仲間の輪を広げていった。「地元の有名どころは、植木や国府宮はだか祭だけじゃない。ゾウが歩いたんだよって、そんな話もできたらいいよね」

ラボのメンバーは約四年で倍以上に増え、現在は二十〜七十代の七十四人が参加する。ひろばで催しを開きたいという地元の人も増えてきた。「やりきれるかわからない。でも、期待にはどこまでも応える」。地元を盛り上げるためのアイデアは、尽きないようだ。

メモ＝美濃路　東海道の宮宿（名古屋市熱田区）から中山道の垂井宿（岐阜県垂井町）までの約五七・五キロを結ぶ脇街道。織田信長の次男、信雄が作らせた幹線道路が原型とされ、稲葉宿など九つの宿場があった。一六〇〇年に関ケ原の戦いで勝利した徳川家康が凱旋の帰路で通ったほか、参勤交代の大名行列、朝鮮通信使なども通ったとされる。

2　歴史伝える「いなゾウ」作者

「いーなーばーじゅく」「いなゾウわっしょい！」。今年五月、稲沢市内の園児が列をつくり、元気よく美濃路を行進した。握ったひもで引っ張るのは、大きなゾウのモニュメント。前出の稲葉宿に立ち寄ったゾウをイメージしたもので「いなゾウ」の愛称で親しまれている。

ゾウを作ったのは、稲葉宿本陣跡の目の前に、子どもの頃から住む石黒幸吉さん（74）だ。かつては稲沢商店街のおけ屋の三代目社長を務め、木材でおひつを作っていた。ゾウは、稲葉宿について書かれた本の挿絵を基に、職人技を使って仕上げた力作だ。

子どもの頃、家の近くには複数の紡績工場があり、夜になると、仕事を終えた女性工員が商店街に遊びに来た。当時は、周辺で唯一の繁華街。「呉服屋、まんじゅう屋、映画館に食堂。何でもあった」。誕生日などの特別な日に、市場ですしや鶏の丸焼きを買ってもらうのが楽しみだった。

次第に工場はなくなり、跡地はスーパーマーケットに変わった。商店も年々減り、百年ほど続く老舗は現在、五軒程度になった。「さみしいよ、本当に。仕事で一生懸命だった時は気にならなかったけど、年取ってから眺めてみると、余計に感じるね」。

2022年5月、美濃路で「いなゾウ」につながれたひもを引く梅檀保育園の子どもたち

でも、商店街はどこもきっと同じ。そう諦めていた。

しかし突然、稲葉宿の跡地に「ひろば」ができ、市に管理を頼まれた。ボランティア団体が観光地化に向けて動いていることも知らされた。「メンバーは知らない人ばかりで、若い人もいた。こんなに多くの人が集まってくれるなんて信じられない」。大きな期待に胸が膨らみ「私も仲間にしてください」と頼んだ。

ゾウを作る案は、団体の会議で出た。早速「自分が作ってみるよ」と名乗り出た。参考資料は、稲葉宿の歴史が書かれていた本の挿絵一枚のみ。設計図を頭の中で作り上げ、おけ作りの職人技術を生かして、竹と針金で骨組みを作成。新聞紙をぬらして粘土状にしたものを上からはり付け、ゾウの形を作り上げた。

稲葉宿に立ち寄ったゾウをイメージした「いなゾウ」を作った石黒さん

子どもたちを喜ばせる工夫も施した。口にカプセルを入れるとおしりから出てくる仕組みを見せると、子どもたちは大笑いして遊んでくれた。体はタイムカプセルで、子どもたちが紙に書いた夢などが詰まっており、入れてから十年後の二〇三二年に開ける予定だ。

美濃路でゾウを引いた園児が通う「栴檀《せんだん》保育園」（稲沢市稲葉）は、自分や父親も通った思い出の園。「一生懸命引いてくれて、本当にうれしかった。あの時ゾウで遊んだなと思い出すことが、地元のことを知るきっかけになるといい」と願っている。

「いなゾウ」で、美濃路と稲葉宿の歴史が知られ始めた一方で、今年も美濃路沿いにある町家が取り壊されようとしている。「もっと多くの人に、にぎわっていた頃の美濃路を知ってほしい。いつかまた、団子屋さんや喫茶店ができたら大成功だなあ」。笑顔あふれる商店街の未来に、思いをはせる。

3　名物手掛ける4代目職人

「稲葉宿」という名のお菓子がある。稲葉宿跡地のすぐそばで、百年続く老舗の郷土菓子店「菓子亀」（稲沢市稲葉三）の名物だ。手掛けたのは、四代目店主の内藤久嗣さん（50）。今年は、美濃路を通ったとされるゾウの形をした和菓子も作り、イベントで販売。「地元ならでは」のお菓子作りに精を出す。

店は一九一〇（明治四十三）年に創業。初代の曽祖父の名前「亀三郎」が店名の由来で、代々家族で店を継いでいる。内藤さんも継ぐことに迷いはなかったが、一方で「先代と同じやり方では続かない」との危機感も。そのため、大学では経営学を学び、その後に東京都内の和菓子の専門学校へ進学。名古屋市内の和菓子店で修業を積み、二十八歳で店を任された。

必要だと思ったのが、量販店では作れない「地元名物」だ。国府宮はだか祭で奉納される大鏡餅がモチーフの「まつり餅」や、市特産の野菜アシタバを練り込んだ生地で粒あんを挟んだ「いなッピーさんど」など、新商品を次々と開発。その中で長年温めていたのが、まんじゅう「稲葉宿」だ。

右＝マルシェで販売したゾウの和菓子
左＝まんじゅう「稲葉宿」

名前は先に決めていた。店は、美濃路を旅する途中で稲葉宿を訪れた人びとに、荷物を運ばせる馬を提供していた「問屋場（といやば）」跡の目の前にある。図書館で郷土資料を読んで歴史を学び、イメージを膨らませた。「馬の足跡」みたいな形のお菓子は、どうだろうか。

妻が好きなシナモンを練り込んだ生地で、風味を邪魔しない黄身あんを包み、粉糖《ふんとう》をまぶして完成させた。水分量の管理が重要で「晴れの日しか作れない」という繊細な菓子だ。パッケージには、江戸時代の町家のイラストを採用。安定して売れる定番商品になった。

その意欲が評判となり、今年のある日、知り合いの観光ボランティアメンバーから「ゾウの和菓子を作れないか」と頼まれた。稲葉宿本陣跡のひろばで開くマルシェで、販売できる商品が欲しいのだという。これまで地域のためというより、店を続けることに必死だった。「でも、知り合いの頼みなら断れない」。一肌脱いでやろうと考えた。

思い付いたのは、ゾウの顔の形をした生菓子だ。「アニマル和菓子」でインターネット検索すると、若者受けがよさそうな、カラフルな菓子がたくさん出てきた。正直「私みたいな年代の職人が作れるのか」と抵抗を感じたが、やってみないと分からない。「娘や嫁さんに、かわいくないと何回もだめ出しされたよ」。それでも負けじと、目の大きさを変えるなど工夫を凝らし、ピンクと水色の二色のゾウを完成させた。

地元に根差した菓子作りについて話す内藤さん

結果は思ったよりも好評で、二時間で約六十個を売り切った。マルシェのチラシを見て、初めて店に来てくれた客も多かった。初めは不安もあったが「新しいことにチャレンジできたのは、依頼をもらったおかげ。次は、もうちょっとかわいく作りたいね」。

稲葉宿跡周辺に観光客が集まる様子は、今はまだ想像できない。ただ、地域の人に「うちのお菓子を手土産に選んでもらい、さまざまな場所で、地元の話に花を咲かせてほしい」。そんな思いが、地元の魅力を広めるきっかけを生み出している。

4　未来につなぐ観光ガイド

稲葉宿は殿様が泊まる「本陣」と家来用の「脇本陣」、荷物を運ぶ馬などを準備する「問屋場」に分かれ、大勢の住民がそろって来訪者を迎えたという。「助け合いと聞けばすてきだけど、大変なことだよ。馬は生きもので、病気もするし」。来訪者に軽快なトークで歴史を伝えているのが、観光ガイドの大野邦子さん（75）。地元の未来を担う子どもたちにも、美濃路の魅力を伝える活動を始めた。

ガイドへの参加は二〇〇三年、稲沢市主催のボランティア養成講座を受けたことがきっかけだ。それまで夫の転勤に合わせて引っ越しを繰り返しながらも、会社員や家業の手伝いなど、さまざまな仕事をしてきた。「退職で、社会とのつながりが途切れるのは寂しい」。定年後も、続けられる活動を見つけたかった。

当時の稲沢は、国指定重要文化財の数が県内で三番目に多い自治体だった（現在は四番目）。戦時中に空襲に遭わず、平安や室町時代の寺社が多く残っていたからだ。講座の修了時は、ちょうど愛知万博が開かれていた時。「これは全国や海外の人にも知ってもらわないと」との使命感で、寺社見学の案内を始めた。

平日は仕事、土日はボランティアの先輩が作ってくれたガイド用資料を読み込む日々。忙しいことも忘れてのめり込んだ。「参加者に『分かりやすかった』と言ってもらえると、やっぱりうれしくて」。マニュアル通りではなく、相手の知識量に合わせたガイドを心がけ、退職後は活動量を増やしていった。

稲葉宿の問屋場跡の前で、歴史を語る

ガイドでは稲葉宿の歴史だけでなく、今ある稲沢商店街の魅力も伝えながら道を進んでいく。「参勤交代でお殿様が歩いた道を、私たちも歩いている。ロマンを感じますよね」。本陣跡に「ひろば」ができ、観光ＰＲに熱が入り始めた昨年十月、地元について学んでいる稲沢西小学校三年生のガイドを頼まれた。
まだ、日本史を習っていない子どもたちにどう伝えるか。「本陣はお殿様のホテルね」「ここから江戸まで歩いたんだよ。すごいでしょう」。できるだけ、分かりやすい言葉遣いを考えた。狭くて交通量が多い道を歩くため、約百人の生徒を十人ずつに分け、一日がかりで案内。翌年一月に、学校内で行われたまとめ学習の講師も務めた。「みのじのことが分かったし、みんなにくわしくせつめいできました」。子どもたちから後日、手紙が届いた。教えたことを、いつまでも覚えていてくれるかは分からない。でも「昔を知ることで今の美濃路の魅力を見つけ、未来に生かしてくれるかもしれない。町並みを守ることにも、きっとつながる」と信じる。

娘から「教えることが好きなんだね」と言われたことがある。自分では、そんなつもりはない。「いいなと思ったことは皆に知らせたい。まちがにぎにぎしくなったらとってもうれしい。それだけなんです」。地域の人たちが願うことは、皆同じだ。

2022年8月21、28日、9月4、11日掲載

稲沢西小学校の３年生を案内したガイドツアー

プラネタリウム

猿渡健留

1　幼少期からの思い　漫画に

「日が暮れてきました」。その言葉を合図に、半球形のドームがオレンジ色の夕焼けに染まっていく。「もうすぐ始まる」、少女の胸は高鳴る。地平線に太陽が沈むと、目の前に満天の星が広がった。

一宮市のデザイン業犬山ハリコさん（53）は幼少期に、一宮地域文化広場のプラネタリウム（一宮市時之島）で見たこの光景が今も忘れられない。幼いころからの星好きが高じて、今では趣味でプラネタリウムをテーマにした漫画を描く。

小学生の時からいつも天体の図鑑を読み、星座盤を手に夜空を眺めていた。一九八〇年にプラネタリウムが開業すると、小学校高学年の犬山さんは母親にせがんで駆け込んだ。「初めて見るプラネタリウムは本当にきれいだった。投影機は黒くてアリみたいに見えた」

その後は二、三カ月おきに通うように。母親と一緒にバスに乗り、何度も行った。プログラムは季節ごとに変わる。今回はどんな星座が見られるのか、毎回わくわくしながら星空を眺めた。あまりに熱心な娘にあきれ、隣にいた母親が寝ていたことも。「自分が知らない星座もここで知ることができた。家に帰って夜空を探すのが楽しみだった」

中高生になっても星好きは変わらず、一宮高校では部活で天体観測に打ち込んだ。しかし、学年が上がるにつれ、地元のプラネタリウムからは自然と足が遠のいた。卒業後は得意の絵を生かしてデザイン事務所などで働いた。仕事の傍ら漫画を描き、雑誌に何度か掲載されたこともある。

だが、プロの漫画家の道は厳しく、編集者から意図に沿わない指示もされた。「自分の描きたいものが好きに描けなかった」。商業誌での挑戦には四十代を前に区切りを付

星空が一面に映し出される

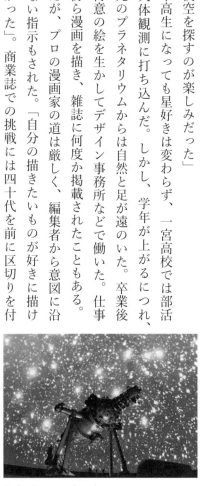

け、同人誌を舞台に漫画を描き続けた。

商業誌の時代から、プラネタリウムの漫画を描くのが夢だったが、企画段階でボツになっていた。執筆の参考にと、今から十年ほど前、およそ四半世紀ぶりに一宮のプラネタリウムを訪ねてみた。古めかしい投影機や、その周りにずらりと並ぶ座席……。「子どものころから何も変わってなかった。漫画にするなら、原点であるここしかないと思った」。当時の入場料は五十円と記憶するが、現在も六十円とほぼ変わらない。

自身が描いた漫画を手に幼少期を回想する犬山さん

当時のプログラム冊子は今でも大切に保管している。

漫画では、新人職員が一人前のプラネタリウム解説員を目指して奮闘する姿を描く。毎年一巻のペースで発表し、現在九巻。各地の科学館に本を送ったり、同人誌の即売会に参加したりして、徐々にファンを増やしてきた。今では一宮のプラネタリウムで映す作品のイラストも手がける。「もとはただの客だったのに、自分の絵が映し出されるようになるなんて。この漫画がさまざまな出合いのきっかけになった」。一度は離れかけたプラネタリウムへの思い。漫画を通じて戻った縁は、これからも続く。

2　絵を寄贈した元市職員

こと座にわし座、はくちょう座……。プラネタリウムを思わせる黒い球の中に、無数の星座がちりばめられている。星空の下には真っ白な鳥や花、朽ちた木などが並び、「生と死」が巡る輪廻《りんね》転生の世界観を表現する。プラネタリウムがある一宮地域文化広場には、伊藤常男さん（77）＝一宮市本町＝が贈った一枚の絵が飾られている。

伊藤さんは元市職員で、二十代のころから趣味で油絵を描き続ける。五年前、自分の背丈ほどもあるこの絵画を広場に寄贈した。星座をテーマにした約二十点の連作の一つだ。伊藤さんが星座を描き始めたのは退職後。着想のきっかけは広場で職員として働いた経験にある。寄付を決めたのも、プラネタリウムが絵の舞台となっているからだ。

広場で働き始めたのは二十年ほど前。当時は天体にほとんど関心がなく、プラネタリウムは見たことがなかった。事務職だったため、仕事で携わることもなかった。そんな中、休日にふらりと立ち寄ったプラネタリウムに度肝を抜かれた。

「うわーっ」。席について上を見上げると、幾千の星々が輝いていた。生まれて初めての光景に心が揺さぶられた。それから星に興味を持ち、広場で開かれる天体観望会にも参加した。望遠鏡をのぞくと、輪っかが付いた木星が、まるで目の前にあるかのように見えた。「レンズに写真が貼ってあるの?」。思わず職員にそう尋ねたほど、鮮明に見えたことを覚えている。

星座をテーマに描いた絵を懐かしそうに見つめる伊藤さん

定年退職後は創作にあてられる時間も増えたが、何を描くべきかと悩むようにもなった。そこで、ふと頭に浮かんだのがプラネタリウムで見た星空だった。「誰もやらないことをやってみよう」。宙に浮かぶ星座の塊と、鳥や石ころなど身近な自然を組み合わせた独創的な構図に挑戦。一枚の制作に半年以上かけて細部まで丁寧に描いた。

その後は星座の種類などを少しずつ変えて同じ構図で描き続け、毎年のように日展で入選。自身の絵画人生でも最高潮を迎えていた。しかし、八年前、胃にがんが見つかり、創作活動を一時中断。その後も休養期間を挟んで絵を描き続けたが、大きなキャンバスに描く油絵は体力的にも諦めざるを得なかった。

自宅の作業部屋には今も、描きかけの油絵が一枚立てかけてある。これまでのシリーズ同様に星座を描き、羽を広げる鳥の部分に取り組み始めたところだった。時が止まったその絵を見るたびに思うことがある。「またいつかこの続きを描きたい。そんな意欲が湧いてくるんだ」

現在は体力に負担が少ない水彩画を描いて過ごす。今年に入ってからは体調もよくなり、新たな目標もできた。「水彩画で星座に挑戦してみたい。賞は気にせず自由な色で描ければ」と意気込む。

「ここで働いてなかったら、プラネタリウムすら見なかったかも。星座にはだいぶ助けられたね」。プラネタリウムとの運命的な出合いは、時を経た今も伊藤さんの生きる活力となっている。

3 40年間メンテナンス続ける職人

カチャ、カチャ、カチャ……。誰もいないプラネタリウムに、工具を動かす音だけが鳴り響く。季節ごとに年四回ある投影機の点検。担当するのは、東京都のプラネタリウム製造会社「五藤光学研究所」の青木勇さん（61）。約四十年前から、一宮地域文化広場の投影機を見つめ続けてきた。

「きちんと手入れしてきたからこそ、四十年間保ってきた」。大砲のようにも見える全長二メートル以上の古めかしい投影機。両側に付いた二つの球体から、三六〇度に星を映し出す。星の数は約八千五百個だ。

部品を一つ一つ外して、ゆるみや異常がないかを確認していく。「こっちは大丈夫。あっちはどうだ」。高校卒業後に入社してから、プラネタリウム一筋。投影機の構造は全身に染み付いて、無意識のうちに手が動く。

傍らには、ドライバーやニッパーがびっしりと入ったスーツケース。青木さんは十五キロもあるこのスーツケースを片手に、広場までは電車とバスを乗り継いでやって来る。雨の日も風の日も何十回と通った道は、もうすっかり覚えた。北海道から鹿児島まで、全国約百カ所のプラネタリウムを日々渡り歩く。点検するプラネタリウムへのルートは全て頭に入っている。

入社当初は、製造部門に配属された青木さん。当時、自身が作った機器が、広場では今も使われている。観客の目線に近い地平線に景色を映し出す機械「スカイライン」だ。動かすと、一宮の街並みがドームの下の方に浮かび上がる。「まあ、愛着はあるよね」。現役で稼働する機械を見て、職人が顔をほころばせた。

退職まであと三年半。青木さんに任せられた最後の任務は、後進の技術者の養成だ。

若手と一緒に現場に出て、修理の方法を手ほどきする。自身は機械や音響も独学で学んできたといい、「やったことないことに挑戦するのが大事。自分に限界をつくっちゃだめだ」と熱っぽく語る。

　プラネタリウムは技術の発展とともに、日々進化を続ける。四十年も前の投影機を使い続けるところはかなり少ない。それでも、青木さんは保守点検の必要性を伝え続ける。「どんな機械もいずれ、修理しなくてはならない時が来る。どれだけ人が変わっても技術は伝え続けないと」

「この投影機も、やり方次第ではまだ使える。使っていただける間は、とことん面倒見ますよ」。工具を持った青木さんの手は止まらない。

年代物の投影機を点検する青木さん

4　一宮高の天文ドーム

一宮市の知る人ぞ知るプラネタリウムが、この秋に姿を消した。県立一宮高校の校舎屋上にそびえる銀色の「天文ドーム」。老朽化による改修工事が続いている。もともとは、一九六〇年代に天体観測用に建てられた。故障続きで長年使われず物置になっていたが、約十年前に生徒たちがドーム内に小さなプラネタリウムを手作りした。

ドームに入ると、直径約三メートルの星空が現れる。今年三月の週末、近所の子どもたちが集まり、輝く星々を物珍しそうに見つめていた。「これがしし座で、こっちがおとめ座」。天体好きが集う地学部の部員たちが話す。小学生にも分かりやすいよう、自作の動画やイラストを映し出し、星座の由来となった神話を解説。少し緊張気味の生徒たちの声が、ドーム内に響いた。

星座の早見盤やキーホルダーの制作体験などの企画も用意し、児童たちを飽きさせない。「少しでも星に興味を持ってほしくて」。そう語るのは、二年清水麻央さん(17)。小学校低学年のころ、校外学習で訪れた一宮地域文化広場のプラネタリウムを見て天体に関心を持った。
「小さいころからキラキラしたものが好き」。道端に落ちたきれいな石ころを拾ったり、ぼんやりと星を見つめたり。そんな少女がプラネタリウムに出合った。美しい星空に、ごつごつとした重厚感ある投影機。自宅に帰ると「こんな機械がほしい」。親にねだって、室内用のプラネタリウムを購入。その日からは、部屋に星空を映し出して眺めるのが、至福の時間になった。幼少期のわくわく感を子どもたちにも伝えたい。それが、他の部員たちにも共通した思いだ。

　同校のプラネタリウムは木枠や板を組み合わせた手作り。ドームの形状に沿って、室内におわん形の投影スクリーンを作った。その後も改良を重ね、今ではスクリーンを床に対して斜めに設置し、首を真上に上げなくても見られるように工夫。座席も用意され、二十人以上が入場できる。年数回は

取り壊し直前のドーム

一般に公開し、市内の小学生を中心に毎回多くの人が訪れる。

そんなドームも十年前までは忘れられた存在だった。もともとは、内部に大きな望遠鏡が設置され、開閉するスリットから空を眺められた。しかし、鉄板で覆われた外面はさび付いて正常に動かず、雨漏りまでする状態だった。気付けば各部が備品を置くようになり、物置同然となっていた。

「ここを、そのままにしておくのはもったいない」。男子部員たちが唐突に放った一言が、長年使われていなかったドームに命を吹き込んだ。他の生徒たちも巻き込み、夏休み返上で一気に作業。慣れない力仕事に加えて、プログラムづくりまで全て自分たちだけでこなした。その熱意は今の部員たちにも受け継がれている。

今回の工事で上のドーム部分は撤去されるが、今後は平屋根となり、空間自体はそ

コンピューターを使って天体の研究をする地学部員たち

のまま残る。工事後の来年以降には、プラネタリウムを再び設置する予定だ。二年の森彩香部長（17）は「ドームがなくなったのは悲しいが、今後も自分たちのプラネタリウムで、星を身近に感じてもらえれば」と話す。部員たちの思いは時代を超え、未来の星好きたちを生み続ける。

2022年10月16、23、30日、11月6日掲載

プラネタリウムを楽しむ親子連れ（一宮高校）

舟友

下條大樹

1 かけがえのない同級生

「いつまでたっても変わらない寸法がある。『おい、上田（本名）』と言ってくれるのは、そこしかない。かけがえのないものですよね」。一宮市萩原町出身の歌手、舟木《ふなき》一夫《かずお》さん（77）は、故郷の同級生との「いい距離感」について語る。

「舟木独自の言い回し。舟木節だねえ」。萩原小時代からの幼なじみでウナギ店「うを六」の店主、樋口勝彦さん（77）は目を細める。創業百二十年の老舗で、舟木さんの父親が魚を注文し、店を手伝う樋口さんが舟木さん宅に届けるようになって、自然と仲よくなった。「今でもそう思ってくれるのは、うれしいね」

舟木さんの幼少期を知る樋口さんの店は、その熱心なファンである「舟友《ふなとも》」が聖地として巡る、欠かせないスポットだ。名古屋で舟木さんのコンサートがあると、その前日や翌日にファンが立ち寄り、樋口さんに「子どものころはどうだった？」「何でもいいから、私が知らないことを教えて」と求める。樋口さんは嫌な顔一つせず「舟木のためになるなら」と昔話をしてきた。

樋口さんが舟木さんを本格的に支えるようになったのは三十年前、歌謡曲がはやらなくなり、飛ぶ鳥を落とす勢いだった舟木さんの人気が一時、低迷していたころ。デビュー三十周年記念の全国公演で、旧尾西市でコンサートを開く際、舟木さんの知人から「チケットを売ってくれないか」と頼まれた。

樋口さんの誕生日は、舟木さんの誕生日と一日違いの十二月十一日で、「宿命的なものを感じた」。樋口さんは知り合いや学校関係者にチケットを売り、コンサートは成功。その公演をきっかけに舟木さんは「復活」を果たすことになる。

舟木さんの全国のファンが、うを六を訪れるようになったのもその頃から。「萩原の舟木の中継点みたいな感じでやっていれば、またいろんな話になるんじゃないか」。そんな気持ちでこれまでやってきた。ファンから珍しいグッズを預かり、他のファンらに見せてきたが、半年前からは少しずつファンに渡すように。「俺ももう年だから。

ここで埋もれてしまうより、ファンの人に持って帰ってもらって、そのかいわいで楽しんでもらったら」と語る。

舟木さんが愛される理由について、萩原中時代からの友人、青山博夫さん（78）は「純情」をキーワードに掲げる。「子どものころから変わらずシャイで、歌が好きでね。応援してあげようって気になるんだよね」。高校三年生など学園ソングのイメージが強い舟木さんだが、中学時代はブルースをよく歌っていたという。

舟木さんは本紙インタビューでも、応援してくれる樋口さんや青山さんの名前を挙げ、「『照れくさいからよせよ』と言ったことはあるけど、ありがたいですよね」と感謝する。地元の同級生に向けては「百歳まで生きてね。故郷をよろしくお願いします」と話す。

自らは「ここまできたら、生涯歌うしかない」と生涯現役を宣言した舟木さん。青山さんは「死ぬまで歌ったらいいよ」とエールを

デビュー２年後、自宅に帰ってきた舟木さん（右）に会った樋口さん

ファンらが「うを六」を訪れて注文する鰻丼定食

送り、樋口さんは「『いっぺん、故郷に帰ってこいよ。皆、待っとるよ』って伝えたいね」と期待した。

同級生の友情に支えられ、芸能生活六十周年を迎えてもなお「舟友」と呼ばれるファンから絶大な支持を集める舟木さん。舟友の姿を通じ、その人気の秘密に迫った。

写真を見ながら舟木さんの幼少期や思い出を語る同級生の樋口さん（右）と青山さん

2　グッズ収集する女性

「いつでも帰ってきて」

朗らかに笑う舟木さん、和装してきりりとたたずむ舟木さん、無邪気な笑顔がまぶしい学生服の舟木さん……。壁や棚には、舟木一夫さんのポスターやレコード、等身大パネルなどがずらりと並ぶ。

自宅の元農業倉庫を改装した八畳ほどの部屋は「舟木さん部屋」と名付けた。芸能生活六十周年に合わせて、一宮市の真清田神社の楼門で九〜十月に開かれた舟木さんのグッズ展示会の主催代表を務めた稲沢市赤池町の玉田美代子さん（71）。所有するグッズはおよそ三千点で、「取材のために並べたんですよ」と笑う。

玉田さんが本格的に舟木さんのファンになったのは二十年前、江南市民文化会館で開かれたコンサートに訪れてから。以前からひそかに好きだったが、子育てが落ち着いたタイミングで、高校の同級生と見に行き、一気にはまった。「容姿はいいし、いい声は変わらないどころか、ますますよくなっている……」。語り出すと止まらない。

玉田さんら「舟友」にとって、舟木さんはパワーを与えてくれる存在だ。舟友は七十代が中心で、舟木さんの話題で皆盛り上がり、自然と明るくなる。

「人徳だよね」と話すのは玉田さんの姉武山はつ子さん（79）。舟木さんが高校時代にアルバイトしていた一宮市・本町商店街にあった百貨店「大口屋」に勤め、一緒に働いていた。「清涼感あふれる青年でね。お客さんがいないとき、店の片隅で歌の練習をしていたよ」といい、またバイト代で好きなレコードを買ってもいたという。

舟木さんについて「地元にあまり帰ってこない」という人がいるが、玉田さんは舟木さんが作詞作曲した「ロックンロールふるさと」に着目する。萩原町の思い出や生家への行き方を歌ったユニークな曲だが「故郷が好きだからこそ、作った曲だと思う」と考える。

「舟木さん部屋」でグッズに囲まれる玉田さん（右）と姉の武山さん

舟木さんは本紙のインタビューで「『ロックンロールふるさと』を歌っていると、上田くん（本名）に戻るところがある」と語った。一宮については「今はビルができて変わってきたけど、自分が過ごしたころの、元の姿を覚えている。どっちに自分が立っているかというと、今の景色には立たないですよ」と述べている。

玉田さんが展示会を主催するのは、そんな舟木さんがいつでも一宮に帰れるようにするためだ。「故郷がにぎわって、皆で迎えてあげたら、帰ってきやすいと思って」。展示会が、舟木さんと舟友をつなぐ場所になればいいと考えた。

玉田さんは今年の展示会に向け、昔のグッズを千点かき集めたほか、思いに賛同した舟友らから「玉ちゃんに託すわ」と貴重な資料も含めて計二千点のグッズを譲り受けた。遠方からはるばる一宮を訪れる舟友をもてなしたい一心だった。

期間中に名古屋の御園座で舟木さんのコンサートがあったが「展示会の運営があるから」と行かず、他の舟友から舟木さんの様子を聞いて我慢した。展示会には四千四百人以上が訪れ「懐かしい」「ここまでしてくれてありがとう」と涙ぐむ人もいて開催してよかったと思った。いつからか「舟友といえば玉ちゃんだね」と言われ、舟友からも一目置かれる存在になった。

2019年に一宮市民会館で開かれた舟木さんのコンサートで集まった舟友たち

ただ玉田さんにとって展示会は終わっていない。会場に来られなかった人や日頃から仲よしの舟友ら計百人に、展示会の様子を写した写真をA４の用紙六枚にまとめ、ラミネート加工し、発送する作業に毎日取り組んでいる。「皆さんに支えられて開催できたから。舟木さんのご縁だから」。舟木さん部屋が片付くのは、まだ先のようだ。

3 「郷土資料館」運営する事務局長

歌手、舟木一夫さんのファン「舟友」にとって、その生家近くに立つ「萩原郷土資料館　音楽・芸能館」は、聖地として巡るスポットの一つ。資料館前には舟木さんが故郷について歌った「ロックンロールふるさと」の歌碑がある。運営するのは萩原町郷土史研究会の事務局長、金子光二さん（60）。「萩原町の昭和を語る上で、舟木さんは欠かせませんから」

資料館は一八九二（明治二十五）年に建てられた倉庫を改装して二〇一三年に開館した。名鉄の線路を挟んで西側にあった舟木さんの生家の長屋が老朽化のため取り壊され、舟友らから惜しむ声が上がっていたため、研究会のメンバーと舟友有志が歌碑を建立。それに合わせ、資料館も建てられた。倉庫は研究会メンバーで、長屋の大家でもあった伊藤弘昭さんが提供した。

資料館には舟木グッズ千点ほどが所蔵され、デビュー五周年で萩原中学校の運動会に参加したときの貴重な写真の複製も。生家のガラス戸を保存、移築し、かつての舟木さん宅二階の窓際を再現したコーナーもあり、ファンにはたまらない。

金子さんは旧尾西市出身。二十七年前に萩原町に引っ越し、個人で広告代理店を営んできた。もともと歴史が好きで、一〇年に研究会を立ち上げ、郷土史家と昔話をまとめるなどしていた。それから舟木さんの歌碑や資料館の話が持ち上がり、携わってきた。

「萩原からスターが出ていることを次世代に伝えたい」。そう考えた金子さんは、舟木さんのことを知ろうと後援会誌の五百号を一気に読み、舟木さんの音楽にかける思いを知った。音楽好きでベースを弾く金子さんは「シンパシーを感じた」といい、自然と舟友に思いをはせるように。「皆さんにとって舟木さんの音楽は命で、日々の生活を充実させているもの。音楽で潤うのは僕も同じで、大切にしてあげたいと思った」

　資料館には舟友らからグッズが寄せられた。金子さんも舟木さんの塗り絵や、学生服の第二ボタンをモチーフにしたオリジナルグッズ、舟木さんのかぶり物などユニークなアイデアを形にして、訪れる舟友たちを笑顔にしてきた。館内には電子ドラムや各種の楽器を置いて自由に演奏できるようにし、新たなスターが生まれることも願っている。

舟木さんの「ロックンロールふるさと」の歌碑と、金子さん

　開館から九年がたち、舟友らから感謝され、手応えを感じる。ただあくまで「舟木資料館ではなく、郷土資料館です」と強調する。目標は萩原町の歴史、文化を継承していくことで、訪れた舟友らに萩原の魅力を紹介するよう努めている。

「こういう場を与えてくれた地元の人に、とても感謝している。舟木さんもきっと、地元にお世話になったという自覚があるんじゃないかな」。舟木さんが資料館を訪れる日を楽しみにしながら、今後資料館をどのように後世に引き継ぐかを考えている。

資料館は毎月第四日曜に開館している。

舟木一夫さんコーナーにはポスターや貴重な写真、かぶり物などが並ぶ

4　舟木さん支えにする元女工

一宮市明地の宮林三四子《みよこ》さん（81）が常に持ち歩いているものがある。六十年前、デビュー直後の舟木さんと一緒に写った写真だ。集団就職で九州から「女工さん」として縁のない一宮にやってきて、さみしい思いをしていたころ、舟木さんは太陽のような存在だった。

長崎県出身。中学卒業後、学校の求人案内で給料が一番高かった一宮市西萩原の織維工場に就職した。いざ働き始めると、織機の大きな音になかなか慣れず、同期の女工は次々と辞めていった。もともと父親の反対を押し切って地元から出てきた宮林さん。「三年間は帰らない」と決めていたものの、一宮で不安な日々を送っていた。

一九六三年夏、たまたま聞いていたラジオから舟木さんの「高校三年生」が流れてきた。明るいメロディーが気に入った上、萩原町出身と聞き、「応援しなきゃ」と直感した。その日に訪れた町内の美容室で「舟木さんって知っている？　ここの出身で、すごいいい歌を歌っている人だよ」と話していると、たまたま隣で散髪していたのが、舟木さんの母親だった。「明日、成幸（舟木さんの本名）が帰ってくるから、うちにいらっしゃい」と誘われた。

翌日、舟木さん宅を訪れると、「お待たせしました」とデビューしたての舟木さんが現れた。舞い上がってしまい、何を話したのかあまり覚えていない。十分がたち、あいさつ回りの予定が入っていた舟木さんに「明日、また朝九時に来て」と言われた。宮林さんはその優しさや話し方にほれ、工場の同僚の女工と一緒に千羽鶴を折り、次の日に「応援しています」と渡した。写真はその際、撮影されたが、宮林さんと舟木さんの距離が特に近く、周囲からは焼きもちを焼かれた。

尾州は一九五〇年ごろからの特需「ガチャマン景気」に沸き、日本一の毛織物産地として発展していた。舟木さんは一宮の黄金時代を象徴するスターだった。そんな舟木さんを宮林さんは心のよりどころにした。一緒に撮った写真をプリントし、メモ帳に挟んで持ち歩くこと六十年。宮林さんのお守りだ。職場では生地の仕上がりを確認する「検反」を任され、萩原商店街で知り合いも増え、一宮が好きになっていった。

私生活では苦労もあった。三十八歳でメニエール病を発症。子育てもあり、舟木さんのコンサートに足を運ぶ回数は限られた。それでも舟木さんが出演するテレビ番組には食い付き、故郷から活躍を祈り続けた。

二〇一六年には慢性骨髄性白血病を患っていることが分かり、医師に「余命は五年です」と告げられた。「今日死ぬか、明日死ぬか」と考える時期もあった。

その一方で、新たな目標もできた。「生きているうちにもう一度、舟木さんに会いたい」。死んでは会えないと、薬を毎日飲み続けた。今も薬は欠かせないが、体調は良好だという。

舟木さんは以前、本紙に「八十歳のときに地元で何げない報告ができたら」と語っている。宮林さんは「一宮に来て、お父さん（夫）や萩原の人と出会えてよかった。あとは舟木さんにまた会えたら、やり残したことはないかな」と笑った。

2022年11月27日、12月4、11、18日掲載

上＝舟木さんと写った写真を挟んだメモ帳を手に
下＝デビュー直後の舟木さん（前列中央）を囲む宮林さん（同左）ら

掲載当時を振り返って

「人はそれぞれの人生で主人公」。そんなフレーズを読んだり、聞いたりしたことがある人もいるかと思います。しかし、それぞれの人生の内幕を知ることは少ないでしょう。「尾張まち物語」では仕事や生きがい、地域での役目に実直に向き合い、生きる人たちの姿に迫りました。まさに自分というストーリーの主人公。記事のタイトルを「物語」としたのにも、そうした意味があります。

記事が掲載されたのは、新型コロナウイルス禍のまっただ中でした。取材先との接触にも気を使いながら、記者たちは一つひとつの記事に思いを込めました。二十代の若い記者も多く、原稿についてやりとりし、試行錯誤したのも今となってはいい思い出です。

取材に応じ、書籍化にも同意してくださった方々にあらためてお礼申し上げます。

新聞掲載時の一宮総局長として温かく見守ってくれた伊藤智英さん、渡部圭さん、引き継いでくれた後任の白石亘デスク、書籍化に尽力していただいた樹林舎の山田恭幹さんにも感謝します。

中日新聞一宮総局前デスク
栗田晃

担当記者（記事執筆）

深世古峻一　2009年入社。千葉支局、京都支局などを経て19～21年に津島通信局。現在は運動部

牧野良実　2016年入社。飯田支局を経て18～22年に稲沢通信部。現在は三重総局

猿渡健留　2020年入社。地方部を経て21年から一宮総局

下條大樹　2016年入社。岐阜支社を経て20～23年に一宮総局。現在は社会部

伊勢村優樹　2013年入社。富山支局、飯田支局を経て20～23年に蟹江通信部。現在は社会部

小中寿美　1999年入社。半田支局、社会部、生活部などを経て21～24年に江南通信部。現在は教育報道部

吉田幸雄　豊川通信局、萩原通信局などを経て21年から津島通信局

寺田　結　2018年入社。北陸本社を経て22年から稲沢通信部

栗田　晃　1999年入社。社会部、モスクワ特派員などを経て20～22年に一宮総局

尾張まち物語

2024年5月27日 初版1刷発行

著者　中日新聞一宮総局（著作者：株式会社中日新聞社）

編集制作 樹林舎
〒468-0052名古屋市天白区井口1-1504
TEL:052-801-3144　FAX:052-801-3148
http://www.jurinsha.com/

発 行 所 株式会社人間社
〒464-0850名古屋市千種区今池1-6-13今池スタービル2F
TEL:052-731-2121　FAX:052-731-2122
http://www.ningensha.com/

印刷製本 モリモト印刷株式会社

ISBN978-4-911052-14-3 C0095
＊定価はカバーに表示してあります。
＊乱丁・落丁本はお取り替えいたします。